Introduction

7 茶茶 (P046)
8 Stella Cafe (P048)
9 浜茶屋 (P050)
10 サンロック (P052)
11 Rossa Café Restaurant (P054)
12 Asato (P056)
13 珈琲や (P058)
14 Cafe Mulberry (P022)
15 Ukicafe (P020)
16 trees INUJIMA (P026)
17 simasima (P028)
18 K's LABO (P012)
19 Ile d'or Cafe & Guest house (P016)
20 モトエカフェ (P018)

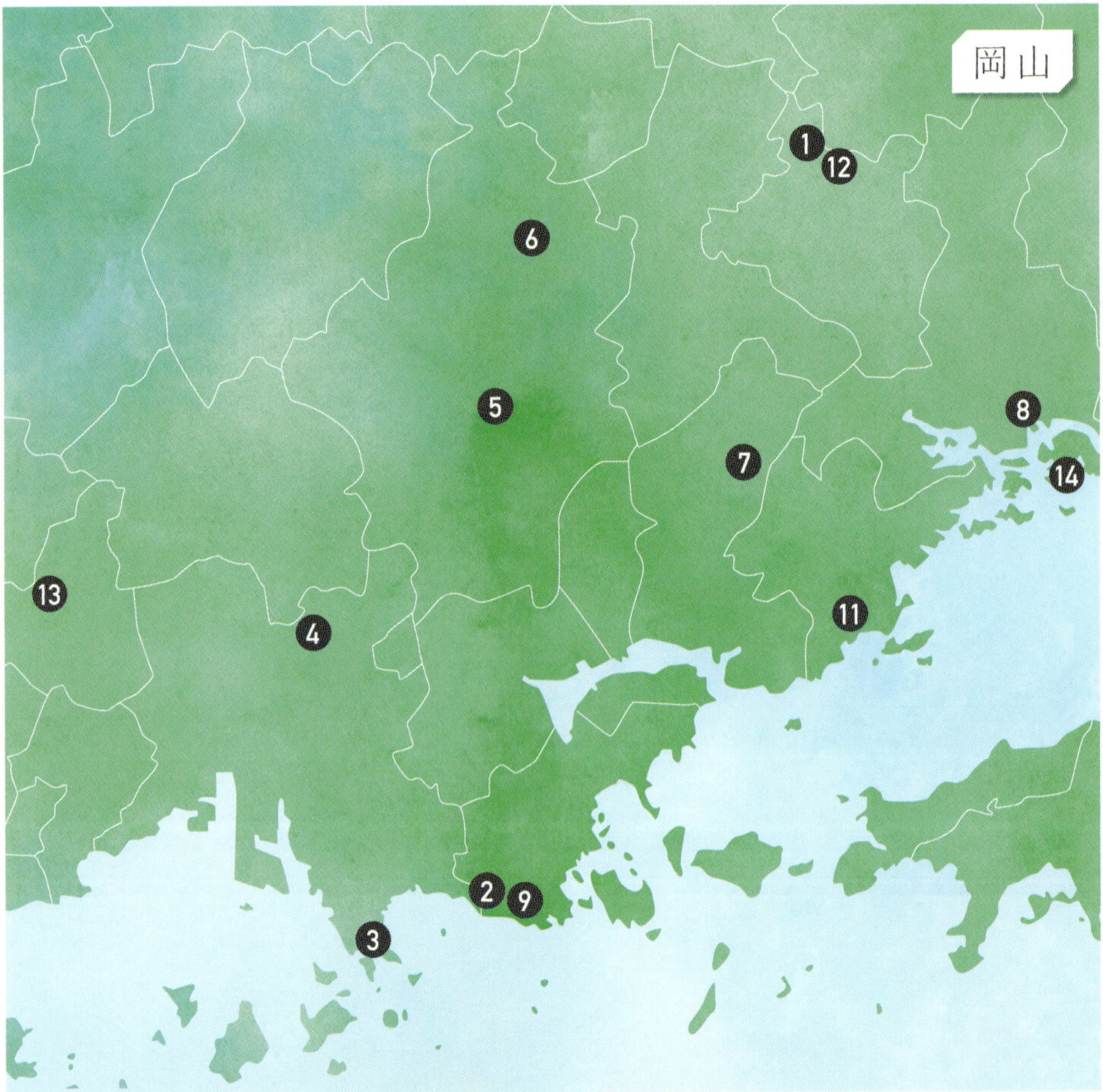

Area Map
OKAYAMA

岡山

※店名は一部略称で表記しています。

1. 風舎 (P032)
2. belk (P036)
3. 名曲喫茶 時の回廊 (P038)
4. 三宅商店 酒津 (P040)
5. Lake Side Garden & Cafe (P042)
6. ののカフェ by 野の花工房 (P044)

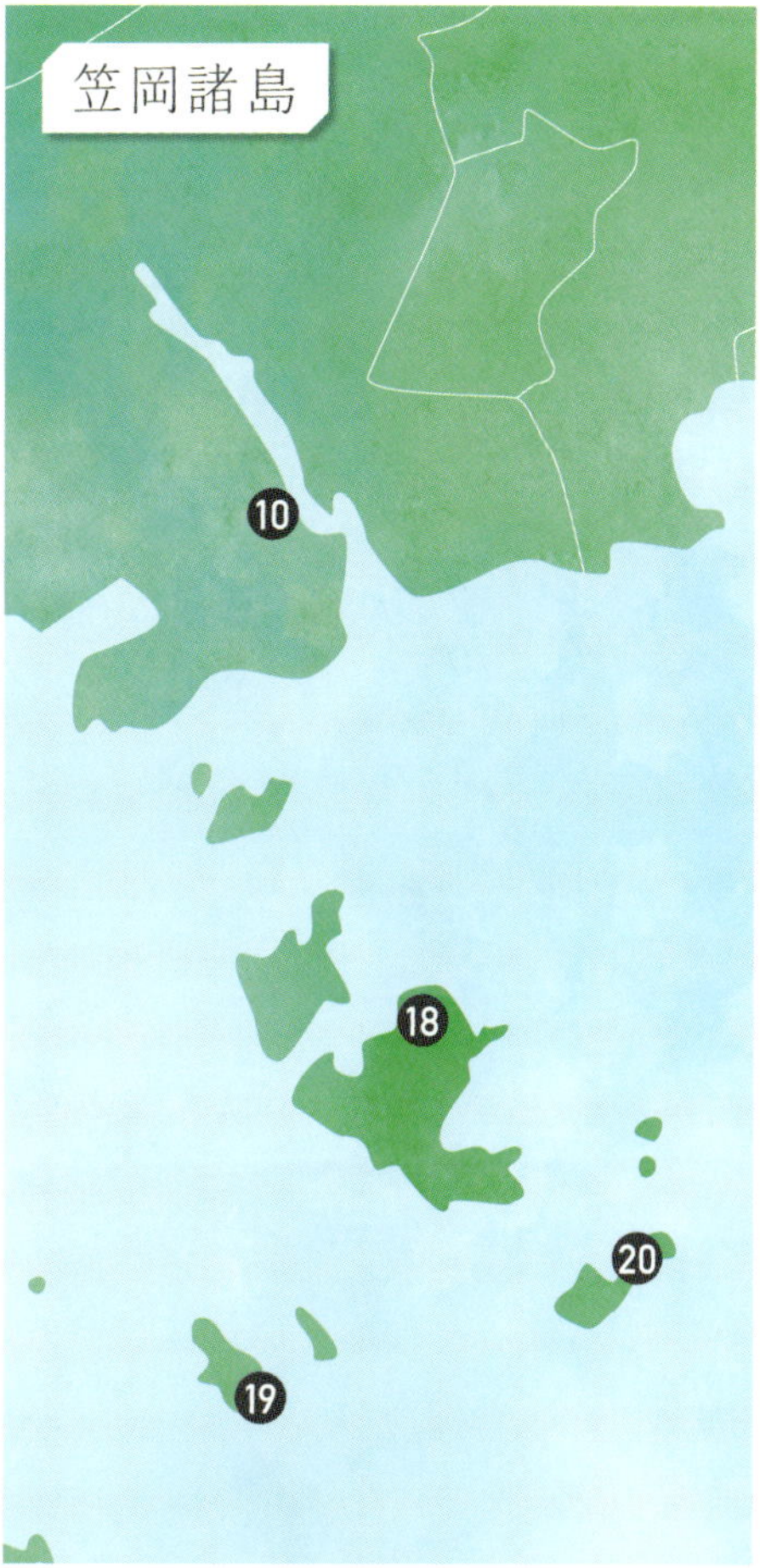

8 まんさく (P112)
9 numar (P114)
10 Café asile (P116)
11 忠左衛門 (P062)
12 フォレスト酒蔵 森國ギャラリー (P066)
13 タコのまくら (P068)
14 HOMEMAKERS (P070)
15 なかぶ庵 (P072)
16 こまめ食堂 (P074)
17 Cin.na.mon (P076)
18 コンニチハ (P078)
19 あいすなお (P080)
20 中奥 (P082)
21 APRON CAFE (P084)
22 いちご家 (P086)
23 金栄丸食堂 (P088)
24 伊織 (P090)
25 吾亦紅 (P092)

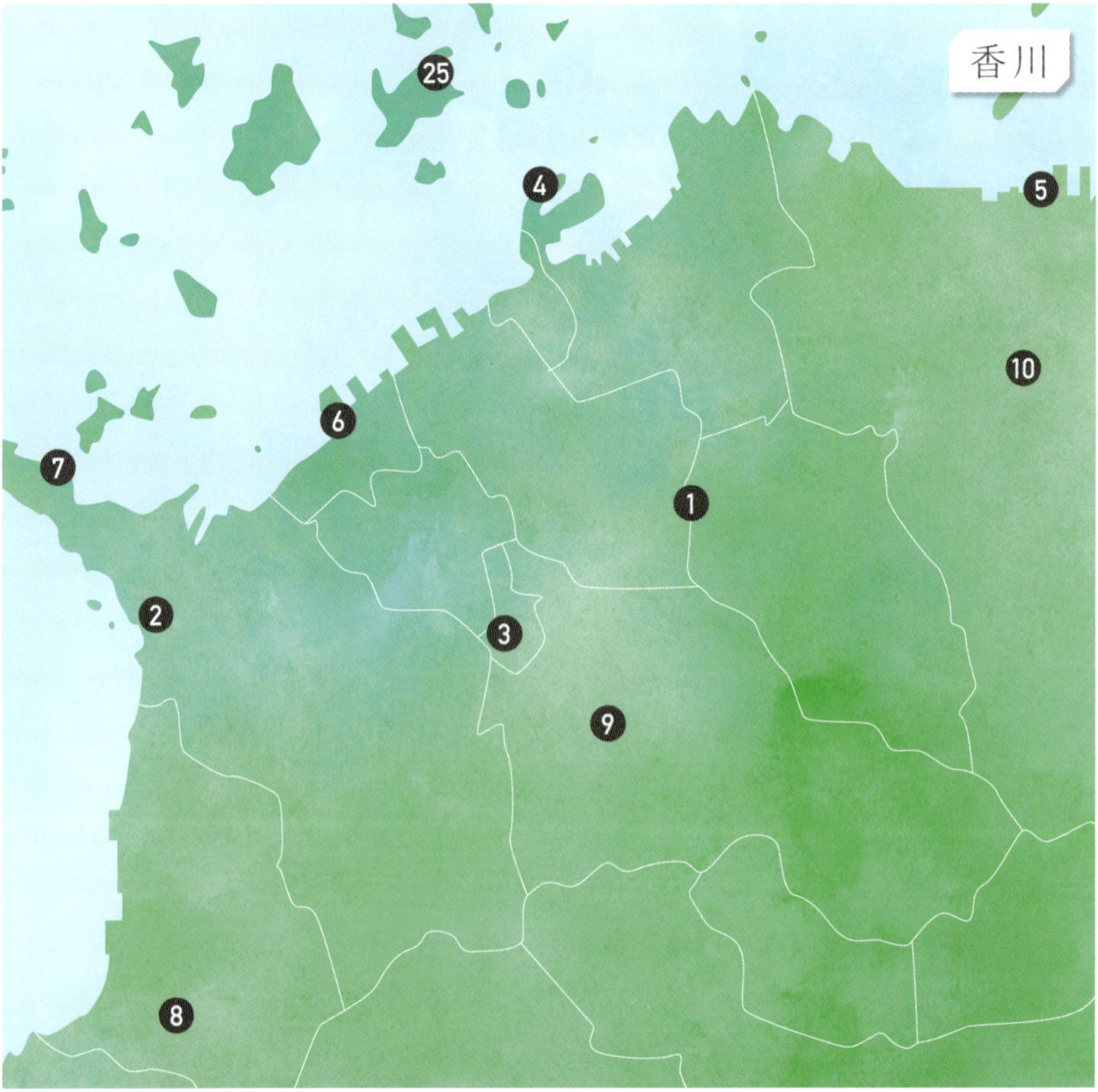

Area Map

KAGAWA

香川

※店名は一部略称で表記しています。

1 KITOKURASカフェ (P096)

2 ひむろ (P100)

3 神椿 CAFÉ & RESTAURANT (P102)
SERVICE BY SHISEIDO PARLOUR

4 カフェ な・ぎ・さ (P104)

5 umie (P106)

6 風車の丘 (P108)

7 CLASSICO セトウチ珈琲 (P110)

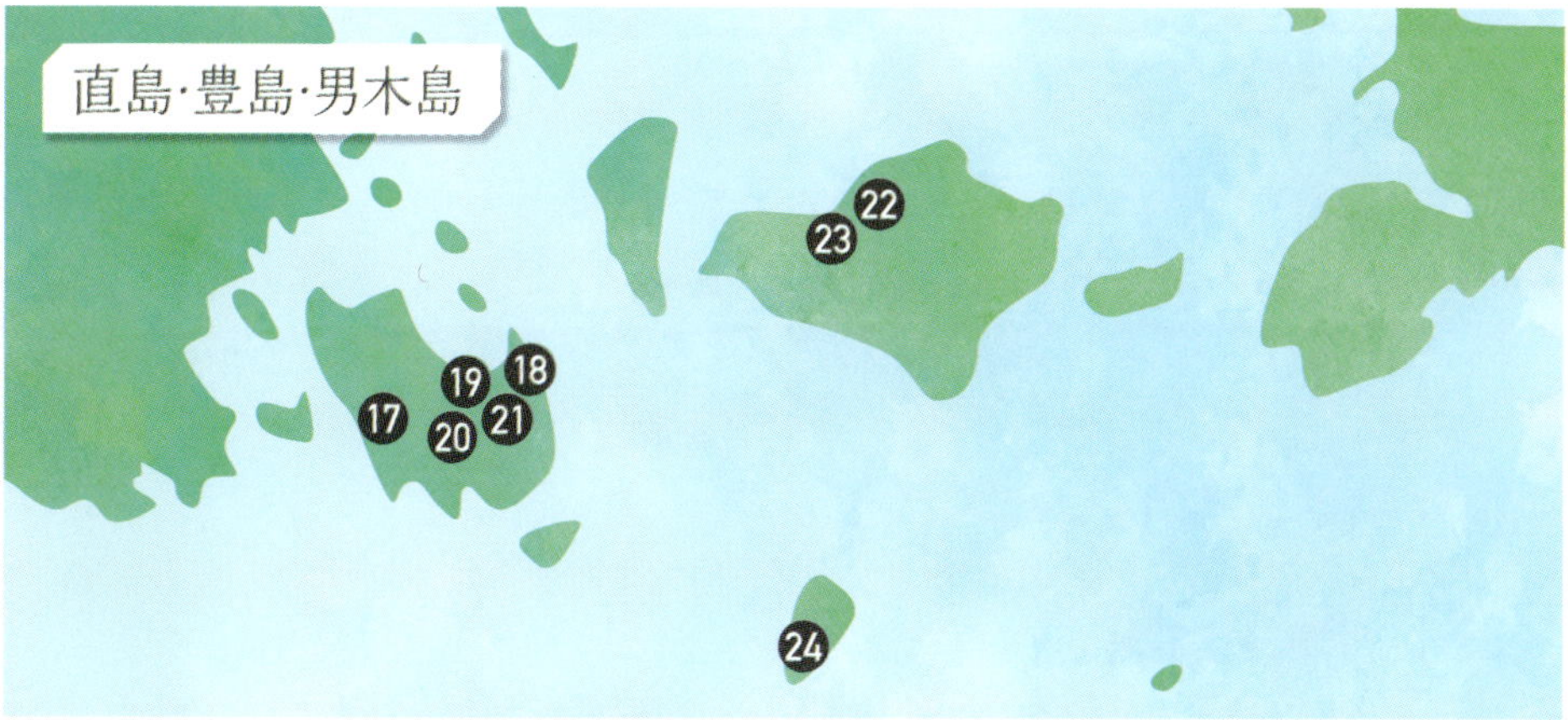

香川 ／ 島カフェ

062 ファームズテーブル 忠左衛門

066 フォレスト酒蔵森國ギャラリー

068 タコのまくら

070 HOMEMAKERS

072 なかぶ庵

074 こまめ食堂

076 Cin.na.mon

078 直島カフェ コンニチハ

080 玄米心食 あいすなお

082 カフェサロン 中奥

084 APRON CAFE

086 いちご家

088 金栄丸食堂

090 ビストロ 伊織

092 ギャラリー&カフェ 吾亦紅

094 島にまつわるエトセトラ「映画」

香川 ／ 海カフェ・山カフェ

096 KITOKURASカフェ

100 KAKIGORI CAFE ひむろ

102 神椿 CAFÉ&RESTAURANT SERVICE BY SHISEIDO PARLOUR

104 東山魁夷せとうち美術館 カフェ な・ぎ・さ

106 umie

108 Cafe 風車の丘

110 CLASSICO セトウチ珈琲

112 ろう梅の里 まんさく

114 季節をたべる食卓 numar

116 Café asile

120 島へのアクセス

126 インデックス

128 奥付

せとうち すてきな旅CAFE

Contents

002 はじめに

004 岡山エリアマップ

006 香川エリアマップ

008 コンテンツ

010 本書の使い方

岡山 ／ 島カフェ

012 K's LABO

016 Ile d'or Cafe & Guest house

018 モトエカフェ

020 Ukicafe

022 Cafe Mulberry

026 trees INUJIMA

028 simasima

030 島にまつわるエトセトラ「猫」

岡山 ／ 海カフェ・山カフェ

032 Cafe & Artspace 風舎

036 belk

038 名曲喫茶 時の回廊

040 水辺のカフェ 三宅商店 酒津

042 Lake Side Garden & Cafe

044 ののカフェ by 野の花工房

046 お寺んち 茶茶

048 Stella Cafe

050 shibukawa caboulot 浜茶屋

052 Cafe de toi サンロック

054 Rossa Café Restaurant

056 山里の隠れ家 Asato

058 珈琲や

060 島にまつわるエトセトラ「アート」

How to Use

本書の使い方

a 店名

店名とよみがなを記載しています。

b 本文

実際に取材した内容を記載しています。季節によって内容が変わる場合があります。

c 写真

店内の雰囲気やメニュー内容を写真でお伝えします。お店が特にプッシュしているものや自慢の一品などに「オススメ」マークを付けています。

d メニュー

フードやドリンクの一部を紹介しています。料理名の記載はお店の表記に合わせています。

e アクセスMAP

お店周辺の簡略化した地図を掲載しています。

f Shop Data

住所、電話番号、定休日、駐車場、アクセスなどの情報を紹介しています。

注意事項

○本書に記載してある情報は、2018年6月現在のものです。 ○料金は基本的に税込み(8%)です。税率の変動によって価格が変わる場合があります。 ○お店の移転、休業、閉店、またはメニューの料金、営業時間、定休日などの情報に変更がある場合もありますので、事前にお店にご確認のうえお出掛けください。

OKAYAMA

Shima Cafe

岡山 ●島カフェ

K's LABO

けーずらぼ

海辺のカフェで島の雰囲気を満喫

笠岡・伏越港からフェリーで約50分。
サイクリングやマリンレジャーを
楽しんだ後は
カフェでのんびりくつろごう。

港に向かうフェリーからの眺め。
正面では石の恐竜がお出迎え

穏やかな海を行き交う船を眺めながらくつろげる

北木島の魅力が詰まった複合施設

北木島の海岸沿いに２０１７年にオープンした複合施設。北木島の名産である石材の歴史や魅力を紹介するミュージアムと、石雑貨を販売するショップ、レンタサイクルやマリンレジャーグッズのレンタルショップ、そしてカフェが集結している。カフェでは、ビーフとチキンの2種類のカレーがおすすめ。「ビーフ島カレー」はスパイシーな辛さが特徴。「チキン島カレー」はヨーグルトとバターがきいたまろやかな味わいなので、辛いのが苦手な人にも人気。両方の味を楽しみたい人は「ハーフ&ハーフ」をぜひ。カレーは1営業日前までに予約を。また、2階には海の景色と心地良い風を感じることができるテラス席があり、瀬戸内海の幸がふんだんにそろった海鮮バーベキューも楽しめる。

「カフェラテ」500円や
「アイスクリーム」300円など

海鮮バーベキューは1人3,000円～、2人以上で要予約

「ハーフ&ハーフ」
1,000円（サラダ付き）

2階のテラス席。瀬戸内海の眺めが心地良い

北木石について
知ることができる
ミュージアム

Shop Data

K's LABO

岡山県笠岡市北木島町10364-25

- ☎ 0865-69-8814
- 営 10:00～16:00
- 休 月・水・金曜　※祝日は営業
- 禁煙 ※2階テラス席は喫煙可
- P 10台
- 交 北木島豊浦港から徒歩1分

MENU

- チキン島カレー（サラダ付き）　1,000円
- ビーフ島カレー（サラダ付き）　1,000円
- ドリンク　200円～

晴れた日には遠く四国まで見渡せることも

Ile d'or Cafe & Guest house

いるどーる かふぇ あんど げすとはうす

笠岡の小さな島で穏やかな時間を

笠岡諸島にある周囲5・5kmの小さな島『大飛島』で、週末のみ営業しているカフェ&ゲストハウス。店主の金島さん夫妻は数年前に飛島を訪れ、穏やかな雰囲気と素晴らしい景色に魅了され、店を開くことを決めた。高台にある店の前には島々が浮かぶ瀬戸内海の景色が広がっている。その眺めとともに楽しめるランチは、イタリアンやフレンチの要素を取り入れた洋食。中でも「瀬戸内ランチコース」は、オリーブオイルで食べる新鮮な刺身や、アンチョビやオリーブを使ったたこ飯、ねぶとのマリネなど、瀬戸内海で獲れた魚介がふんだんに使われた贅沢なメニュー。食事は他にカレーランチやたこ飯ランチも。瀬戸内の味覚を存分に味わったあとは散歩をしたりして、島の空気をゆっくり堪能して。

「瀬戸内ランチコース」2,000円。旬の味覚満載

民家を改装した店内は温かな雰囲気

「ケーキセット」600円。ケーキの種類は気まぐれ

タコは島の漁師が水揚げ。地元食材が並ぶ

ゲストハウス利用は、遠くは北海道からの人も

Shop Data

Ile d'or Cafe & Guest house

岡山県笠岡市飛島6050-1

☎ 090-4659-8444
営 9:00～16:00 ※ランチは3日前までに要予約
休 月～金曜
※土・日曜と連休になる祝日は営業
※夏休み期間中は火・水曜を除き営業
全面禁煙 P なし
交 大飛島洲港から徒歩約18分

MENU

- イルドールカレーランチ 1,000円
- イタリアンたこめしランチ 1,000円
- コーヒー 400円
- 紅茶 400円

“島らしからぬ異空間”を目指した店内

モトエカフェ

もとえかふぇ

住民とシェアする とっておきの島時間

２００７年に神戸市から真鍋島へ移住してきたオーナー夫妻が、新たな移住者を呼び込むため、島外の人に島の魅力を知ってもらうきっかけになればと２０１８年４月にオープンさせた。空き家だった住居兼店舗を借り受け、屋号の「モトエ」を継承した。ＤＩＹで１年かけてリフォームした店内は、焼板の外壁が多く残る島の家並みをイメージしてモノトーンでまとめた、シンプルでスタイリッシュな空間。ソフトな苦味ですっきりとした飲み口が魅力のコーヒーは、客足に波のある島のカフェで常においしいコーヒーを提供するため、独学で自家焙煎に挑戦し、試行錯誤の末に生まれた自慢のブレンドだ。島の住民にもファンは多く、タイミングがよければ交流できるかも。コーヒー片手に島の魅力を聞くのもおすすめだ。

具がとろけるまで煮込んだモトエカレー

1年近くかかって納得のいく味が誕生

深いコクが自慢のチーズケーキ

2階ではゲストハウス「INN THE CAMP」も運営

店の片隅にある「いわいがみさん」はなくし物が見つかるという神さま

Shop Data

モトエカフェ

岡山県笠岡市真鍋島4073

☎ なし info@manabeshima.info
営 11:00〜17:00
休 不定休
全面禁煙 ※敷地内に喫煙所あり
P なし
交 本浦港から徒歩で1分

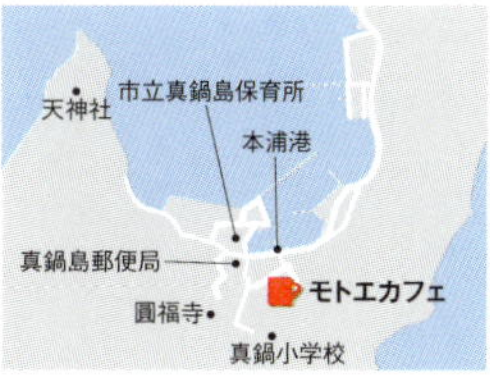

MENU

▌コーヒー	
ホット	400円
アイス	450円
※ホットのおかわり	200円
▌紅茶 ホット／アイス	350円
▌チーズケーキ	300円
▌モトエカレー	800円

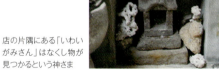

緑あふれる庭に出て
くつろぐのもおすすめ

Ukicafe

うきかふぇ

一面の緑が心地よい のどかな隠れ家カフェ

犬島港から海岸沿いの道を西に進んでいくと現れる、緑豊かな敷地にたたずむ古民家カフェ。生い茂る木立や庭の草花、畑といったのどかなロケーションに恵まれ、一面の緑と爽やかな空気に包まれながら開放的なカフェタイムを楽しめる。フードメニューはトマトソース、ほうれん草ソースをベースにした2種類のパスタがあり、どちらも本格イタリアンに引けを取らないおいしさ。みかんやシソなどの島食材を使ったデザートやドリンク、ハンドドリップで入れるコーヒーも人気だ。

古民家をDIYした店内には、14席の座敷スペースや昔ながらの土間、縁側があり、手作り感のあるアットホームな雰囲気。おもちゃや絵本、アートなインテリアがちりばめられ、子どもから大人まで時間を忘れて楽しめる。

夏に人気の「犬島ミントのモヒート」650円

絶品パスタ「タコとキノコのトマトソース」

こんがりサクサク! バナナのうきわケーキ

敷地には流木で作ったベンチやテーブルが

本物の花を固めた手作りアクセサリーを販売

Shop Data

Ukicafe

岡山県岡山市東区犬島293-2

- ☎ 086-947-0877
- 営 10:00～17:00(OS16:30)
- 休 火曜、他(犬島精錬所美術館閉館日に準ずる)
- 全面禁煙
- P なし
- 交 犬島港定期船のりば徒歩7分

MENU

- パスタ(ミニサラダor冬は温かいスープ付) 900円
- バナナのうきわケーキ 500円
- 犬島産赤しそソーダ 550円
- ホットコーヒー 450円

潮風を感じながら、
ゆったりとした
島時間を。

穏やかな海に浮かぶたくさんの牡蠣筏、
小さな島々を結ぶ定期船。
のんびりとした風景のなかで、
体に優しい料理を楽しんで。

Cafe Mulberry

かふぇ まるべりー

Shima Cafe 岡山／頭島

晴れた日には、遠く小豆島
まで見渡せるロケーション

食事をしながら瀬戸内海を一望できる

こだわりランチで島の味覚を堪能

「備前♡日生大橋」が開通し、足を運びやすくなった日生諸島の頭島に、2016年4月にオープン。神戸・東京暮らしを経てUターンしてきたオーナーが姉妹で切り盛りする。「店をやるなら」と、神戸で人気のメゾン・ムラタ主宰のパン教室でパン作り、有機野菜塾で有機農法を学び、アロマやハーブの知識も習得した。「食の安全」「旬の素材」にこだわり、地元の漁師が底引き網で獲ったばかりの新鮮な魚介や吉備高原鶏、自分たちで育てた有機野菜を使ったメニューを提供する。素材の持ち味を引き出しつつ、ハーブを効かせるなどアイデア満載の料理が人気だ。夏には獲れたてのエビでダシをとった有機玄米エビカレー、冬は頭島産の牡蠣を使ったおまかせランチやベーグルバーガーも登場。旬のおいしさを堪能しに出かけてみて。

店名にもなっている
マルベリーはジュースに

新鮮な素材のおいしさを詰め込んだおまかせランチ

パリッという独特の
食感のベーグルサンド

1階では焼き立ての天然酵母パンを販売

ゆったりくつろげる
ソファ席も

Shop Data

Cafe Mulberry

岡山県備前市日生町日生3400

☎ 090-7349-9879
営 11：00～17：30（LO17：00）
※ランチタイム11：30～14：00
休 火～木曜
禁 終日禁煙
P 4台
交 JR日生駅からタクシー（車）で約8分

MENU

- おまかせランチ　1,500円
  ※前日15：00までに要予約
- ベーグルランチ　800円
  〃 ドリンク付き 1,000円～
- 有機玄米エビカレー（サラダ付き）　1,000円
- 自家製マルベリージュース　550円

犬島港から徒歩1分。
2台の貸し自転車を完備

trees INUJIMA

つりーず いぬじま

島の入口の古民家で絶品カレーを堪能

岡山市北区にある人気のカフェレストラン「trees TOGIYACHOU」の2号店。オープンから約10年、犬島にいち早く登場したカフェとして、観光客や地元客に幅広く親しまれている。古民家を改装した座敷メインの店内は、どこか懐かしさが漂いほっとくつろげる空間。店内やテラス席からは瀬戸内の海と島ののどかな風景を間近に眺めることができる。treesの名物ともいえる自家製「犬島チキンカレー」は、8種のスパイスが効いた濃厚な風味と絶妙な辛さの絶品。犬島のオリジナルビールや、すっきりした甘さのレモネードなどのドリンクとも相性抜群だ。犬島港のすぐ側に建ち、船の待ち時間に気軽に立ち寄れるのもうれしい。島旅の余韻に浸りながら、心と体をリフレッシュさせて。

カレーセット。季節の野菜と卵をトッピング

オススメ

犬島ラベルの
生ビールを片手
にリラックス

少し固めで素朴な甘さ
がおいしい犬島プリン

流木で飾ったナチュラルなデッキテラス

犬島手ぬぐい1,500円
などのグッズも販売

Shop Data

trees INUJIMA

岡山県岡山市東区犬島324

- ☎ 086-947-1988
- 営 11:30〜about
- 休 火曜、他不定休あり ※事前に要問合せ
- 全席喫煙可
- P なし
- 交 犬島港定期船のりば徒歩1分

MENU

犬島チキンカレーセット	1,000円
犬島プリン	400円
犬島生ビール	600円
レモネード	500円

広々とした座敷。庭を
眺めながらのんびりと

simasima

しましま

食と風景を楽しみつつ 記憶に残る島時間を

細い路地を脇に入った先にある、昔ながらの家並みに溶け込むような隠れ家カフェ。犬島の魅力にひかれ、島の生活や風景をこよなく愛する女性店主が、築100年超の古民家を利用して2015年にオープンさせた。店内は、茶箪笥などの趣のある古道具が至る所に残され、古き良き暮らしの薫りを漂わせている。「島の恵みを味わってほしい」との想いから、メニューに使う食材も島育ちにこだわり、犬島や近隣の島でとれた新鮮な魚介や野菜、果物を使用。食材に合わせた調理法や島の家庭料理を取り入れたおかずが並ぶ魚定食など、ここならではの旬の味でもてなしてくれる。散策の疲れを癒して我が家のようにくつろぎ、店主と会話を弾ませるのも楽しい。島の魅力をより一層深めてくれる場所だ。

塩焼きや小鉢など多彩なおかずが並ぶ魚定食

オススメ

タコの弾力ある食感がクセになるタコカリー

夏限定の「ミルクセーキ長崎風シャーベット」400円

疲れを癒すスパイスチャイ&自家製梅シロップ

可愛いラベルの地ビール「まめまめビール」

Shop Data

simasima

岡山県岡山市東区犬島340

- 080-2885-1711
- 営 7:30～15:15
- 休 不定休(基本は土日営業)
- 全面禁煙
- P なし
- 交 犬島港定期船のりば徒歩4分

MENU

タコカリーセット	950円
週替わり魚定食	950円
季節のスイーツ	500円～
季節のシロップドリンク	500円～
まめまめビール	700円

島×猫

猫の愛らしい仕草に癒されに行こう

日本の離島には、〝猫島〟と呼ばれる島がいくつかある。港や集落の路地などに猫が集い、時にはギュッと固まって〝猫玉〟なるものを作るという。可愛らしい光景に引かれて、今では島外からたくさんの猫好きが足を運んでいる。

瀬戸内海に浮かぶ島々の中にも猫島はある。港に降り立つと、右にも左にも前方にも猫、猫、猫。堤防の上で大きなあくびをしていたり、物陰からジッとこちらの様子をうかがっていたり。人馴れしているのか、近づいても平然としているので、写真も撮り放題。島の楽しみ方の一つとして、大いに〝アリ〟なのだ。

心掛けたいのは島民への配慮。こちらは観光気分でも、島民には日常生活の場。むやみにはしゃぐのは迷惑きわまりないし、ゴミのポイ捨て、家の軒先で猫にエサをやるなどもってのほか。節度ある行動をとりつつ、猫との時間を楽しみたいものだ。

OKAYAMA

Umi&Mori Cafe

岡山 ●海カフェ ●森カフェ

Cafe & Artspace 風舎

かふぇあんどあーとすぺーす　ふうしゃ

山奥の廃校カフェが懐かしい記憶を呼び起こす

山道を登りたどり着いた先に
約50年前に廃校となった校舎が
ひっそりとたたずむ
自然に囲まれた空間で、
癒しのひとときを過ごしてみて

霧が覆うこともしばしば。幻想的な表情を見せてくれる

窓際席からは、校庭や
のどかな景色が望める

癒しの空間で 自家焙煎の珈琲を堪能

標高約４５０ｍ、和気の山間部にひっそりとたたずむＣａｆｅ ＆ Ａｒｔｓｐａｃｅ「風舎」。50年ほど前に廃校となった木造校舎が、家具作家のオーナーの手により生まれ変わった。1階を自宅とアトリエ、２階をカフェ・ギャラリーとして使用。もともと講堂だったカフェスペースには、ガラガラと音を立てる引き戸や木枠の窓が残り、校舎だった頃のなごりを感じさせる。どこか懐かしいような空間でぜひ味わってほしいのが、自家焙煎のコーヒー。豆はオリジナルの風舎ブレンド、風舎マイルドをはじめ、数種類がそろう。注文を受けてから豆を挽き、丁寧にハンドドリップで入れるコーヒーは、香りとコクが別格だ。オーナーの奥さま手作りのケーキともよく合う。自然に囲まれた静かな校舎で、穏やかな時間を過ごしてみて。

シュガーポットの台も
オーナーの手づくり

階段横の壁にも作品が飾られる

厚めのタマゴが
サンドの甘みを
引き立てる

ギャラリーにはカード立てや写真立てが

焙煎された数種類の
コーヒー豆が並ぶ

Shop Data

Cafe & Artspace

風舎

岡山県和気郡和気町北山方1981

☎ 0869-88-1706
営 11:00〜18:00
休 月〜木曜、第1日曜
🚭 禁煙
P 10台
交 JR和気駅から車で35分

MENU

- クラブハウスサンド 550円
- 自家焙煎珈琲 風舎ブレンド 450円
- ガトーショコラ 400円

見渡す限りの海景色をほしいままに

belk

べるく

瀬戸内海を一望する、山頂の絶景カフェ

　王子が岳山頂にある旧パークセンターをリノベーションし、２０１７年10月にオープンしたカフェ。アールをつけた全面ガラスの窓から瀬戸内海のパノラマが広がり、天気がよければ瀬戸大橋や四国まで眺められるというぜいたくなビュースポットだ。メニューは一杯ずつ丁寧にハンドドリップする「ホットコーヒー」や、玉野市のベーカリー『ＨＯＨＯ』のイングリッシュローフを使った「はちみつバタートースト」、「バナナシフォンケーキ」など。シンプルながら丁寧に手作りしたものを厳選して提供している。今後、音楽イベントなどの構想もあるという天空のカフェ空間。ドライブがてら訪れ、季節や時間帯によって移ろう海や空の表情を眺めながら日がな一日ゆるりと過ごしたい。

オススメ

窓辺のカウンター席は景観を一望できる特等席

カフェ周辺は散策道も整備され山歩きが楽しめる

児島産の蜂蜜とよつ葉バターが染みこんだトーストも

元のRC造に木を配し温かみある空間にリノベーション

「武蔵野珈琲」や「キノシタショウテン」の豆を使用

Shop Data

belk

岡山県倉敷市児島唐琴町7

- ☎ なし　fcshiike@gmail.com
- 営 12:00～18:30（OS18:00）
  土･日曜、祝日10:00～18:30（OS18:00）
- 休 不定
- 禁煙
- P 200台（共有）
- 交 JR瀬戸大橋線上の町駅から車で約10分

MENU

ホットコーヒー	480円
アイスカフェオレ	550円
はちみつバタートースト	380円
バナナシフォンケーキ	450円

レトロシックな調度品や肖像画でムーディに

名曲喫茶 時の回廊

めいきょくきっさ　ときのかいろう

レトロな名曲喫茶で、クラシックに浸る時を

瀬戸内海を眺める小高い山の上にポツンとたたずむ名曲喫茶。マスターの黒下兼多さんが東京にある数々の名曲喫茶に憧れて２０１５年に開店した。黒下さんが設計したという店内は、オペラ会場の観客席のように回廊式になっており、古い蓄音機やランプ、アンティーク家具がレイアウトされていてまるで異国に迷い込んだよう。約３０００枚のレコードからセレクトしたクラシックの名曲を聴きながら、こだわりの自家焙煎コーヒーや「チーズケーキ」「ガトーショコラ」などの手作りケーキが味わえる。夏限定の「コーヒーゼリー」もおすすめ。良質の音楽を楽しみながら読書をしたり、物思いにふけったり、思わず時間を忘れそうだ。第２土曜に「夜の音楽鑑賞会」（要予約）、月１回演奏会も開催している。

異国に迷い込んだような懐古的な空間

オススメ

夏季限定の「喫茶店のコーヒーゼリー」

「時の回廊珈琲」と手作りの「チーズケーキ」

客からのリクエストにも応じている

店主の黒下兼多さんと妻の麻衣さん。

Shop Data

名曲喫茶 時の回廊

岡山県倉敷市下津井田之浦1-16-22

- ☎ 070-5522-1622
- 営 10:00～18:00
- 休 水曜
- 禁煙
- P 7台 ※共有
- 交 JR児島駅より車で約10分

MENU

時の回廊珈琲	500円
ウインナー珈琲	600円
カフェオレ	550円
紅茶	500円
喫茶店のコーヒーゼリー	450円
ケーキ単品	450円

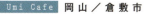

春には窓から満開の桜が望める

水辺のカフェ

三宅商店 酒津

みずべのかふぇ みやけしょうてん さかづ

きらめく水面 癒しの古民家カフェ

岡山県内屈指の桜の名所として名高い「酒津公園」からほど近い、水辺にたたずむ古民家カフェ「三宅商店 酒津」。築70年余りの町屋を改装した店内は、今では見かけることも少なくなった土間や縁側がそのまま活かされており、まるで時代を遡ったかのよう。緑の庭園を望む座敷席、水辺に面した土間カウンター、自然と一体化したような縁側席などがあり、何度訪れても飽きがこないのも魅力のひとつ。おすすめは〝3世代に喜ばれる味〟を目指した「三宅カレー」９００円。じっくり煮込んだルウの上に素揚げした季節の野菜がたっぷり乗り、毎日でも食べたくなる優しい味だ。このほか、季節の果物で作る、自家製ケーキも外せない。ここにしかない空間と手作りの味。リピーターが後を絶たないのもうなずける。

「三宅カレー」900円。ライスは玄米使用

木漏れ日が降り注ぐ縁側席

ケーキは日替わり。
ドリンクがセットに

窓から風が通り抜けるためクーラー不要

自社工房で製造
した自家製ジャム
の販売も

Shop Data

水辺のカフェ
三宅商店 酒津

岡山県倉敷市酒津2829

☎ 086-435-0046
営 9:00〜17:30(OS17:00)
※季節によって変動あり
休 なし ※年末年始休みあり
禁煙 ※テラス席は喫煙可
P 15台
交 JR倉敷駅から車で7分

MENU

ケーキセット	800円
自家製スカッシュ	500円
モーニングセット	650円
季節のサンドイッチ	900円

緑に囲まれた水辺の
テラス席はすぐ満席に

Lake Side Garden & Cafe

れいく さいど がーでん あんど かふぇ

緑と花が溢れる湖畔で 思い思いのひとときを

岡山市郊外にある、ガーデニンググッズや花のショップを併設した水辺のカフェ。パスタやカレーなどのランチやスイーツ、ドリンクのメニューがそろい、ピザ生地からシュークリームの皮まで手作りにこだわる。紅茶の種類が豊富で、ドライフルーツや果物のフレーバーティー「季節の紅茶」が人気だ。さまざまな趣のティールームがあり、風が心地よい季節は屋外で、真夏や真冬は冷暖房完備の屋内で、と気候や気分に合わせて選べるのがうれしい。愛犬と過ごせるドッグカフェエリアもあり、ビスケットや鶏ささみなど犬用メニューを用意。ペットNGエリアや、車いす対応のスロープやトイレを完備したバリアフリーのティールームもあるので、希望を伝えてみて。季節のボサノバコンサートもオススメ。

033

オススメ

「アフタヌーンティーセット」
(ドリンク付き) 1,296円

憧れのガゼボの下で過ごせるテラス席も人気

「日替わりランチ」は
デザート、飲み物付き

バリアフリー対応テラス。披露宴もできる

お気に入りの雑貨
やお花を探してみて

Shop Data

Lake Side Garden & Cafe

岡山県岡山市北区菅野4414

☎ 086-294-1101
営 10:00〜18:00
休 年中無休 ※年末年始は休業
分煙 ※屋内は禁煙
P 30台
交 岡電バス「吉宗」停留所から徒歩20分
岡山ICから車で15分

MENU

- 日替わりランチプレート (ドリンク付き) 1,396円
- エビのパスタランチ (ドリンク付き) 1,296円
- パンケーキ 840円
- 季節の紅茶 540円〜
- ワンちゃん用ささみ 370円

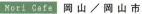

中庭を眺める席。テーブルの野の花が目を引く

ののカフェ by 野の花工房

ののかふぇ ばい ののはなこうぼう

お昼寝も可という噂の のんびり古民家カフェ

野の花と木々に囲まれた「ののカフェ」は、店主自ら改築した築80年の古民家カフェ。まるで「おばあちゃんの家」のような入口をくぐって、靴を脱いで土間から室内にあがると、天然木の造形を生かした座卓を囲む座卓席、窓辺のテーブル席、籐のソファ席が目に入る。ご夫婦ふたりのお店のため、ランチは1日12食限定。ぜひ予約をして出かけよう。春は山菜、夏は朝採りたての夏野菜、秋から冬にかけては手作りこんにゃくがお皿に並ぶ。自家菜園の無農薬野菜を可能な限り使った、体に優しいメニューだ。看板には「おひるね可」の文字があり、赤ちゃん連れのお母さんも気兼ねなく過ごすことができる。木漏れ日あふれるテラス席も心地良い。森林浴気分の贅沢な時間を、たっぷり味わいたい。

炭火焙煎オーガニック・
グァテマラコーヒー

旬の自家製野菜をふんだんに使ったランチ

地元小麦粉を使ったチーズケーキ

緑あふれる、風が吹き抜けるテラス席

季節の花々が迎えてくれるエントランス

Shop Data

ののカフェ by 野の花工房

岡山県岡山市北区建部町吉田968

- 086-722-1776
- 営 11:00〜16:00
- 休 火〜金曜日
- 禁煙
- P 8台
- 交 JR津山線建部駅から車で7分

MENU

ののカフェランチ	1,200円
チーズケーキ	350円
季節のケーキ	350円
コーヒー	350円
高梁の紅茶	300円

お寺の穏やかな雰囲気の中でのんびりと

お寺んち

茶茶

おてらんち　ちゃちゃ

お寺の庭を眺めながら旬野菜の和風膳を堪能

２０１７年秋に岡山不動寺にオープンした、週３日だけ和食メインのランチを味わえる店。メニューは数量限定の「旬野菜の彩りランチ」。地元農家で採れる季節の野菜をふんだんに使い、週替わりで手作りにこだわって提供している。和食に限定せず、洋風や中華風など多彩なアレンジを効かせた料理が並ぶ。意外なアイデアと、目でも楽しめる盛り付けが好評だ。栄養バランスを考えた品数の多さや、食物繊維が豊富な「もち麦ご飯」を用意するなど、健康への気遣いもうれしい限り。食後にはデザートとドリンクが付いて、おしゃべりにも華が咲く。予約優先なので、連絡してから訪れるのがおすすめ。座敷や縁側の他にテーブル席もあるので、正座が苦手な人はリクエストしてみて。

少しずついろいろな種類の料理が楽しめる

もち麦ご飯はプラス
100円でたまごかけ
ご飯に変更可

デザートも手間を
惜しまず手づくりで

縁側や座敷で思い思いのひと時を

椅子でくつろげる
個室もある

Shop Data

茶茶《お寺んち》

岡山県岡山市東区浅川332-6

☎ 086-238-7111
営 11:30〜14:00
休 金〜月曜、毎月最終週
※HPを確認のこと
禁煙
P 12台
交 山陽本線上道駅から車で約10分

MENU

- 旬野菜の彩りランチ
(ドリンク・デザート付き)
1,200円

※数量限定・予約優先
※プラス100円でご飯を「たまごかけご飯」に変更可

店からは「備前♡日生大橋」が望める

Stella Cafe

すてらかふぇ

潮風を感じながら備前の食材を味わう

真っ白な壁に鮮やかなブルーのドアが目を引く、日生湾すぐそばのカフェ。星を意味する「ステラ」という店名は、昔の日生の呼称である「星村」を由来に、「日生に小さな明かりがともれば」という思いが込められる。

食材の鮮度にこだわったメニューには、おいしくて新鮮な地元の海鮮や野菜、日生諸島で採れた果物をふんだんに使用。一番人気の「手作り海老カツランチ」は、その日に獲れたエビ数種類を使用するので、エビの風味と食感の微妙な違いが楽しめる。冬にはカキフライとのセットが登場するのもうれしい限り。また、生地からすべて手作りというタルトは、季節のフルーツを贅沢にトッピング。備前焼との組み合わせも面白い。気持ち良い潮風が吹き抜ける店内で、日生の食材を堪能して。

タマゴたっぷりのタル
タルソースも決め手

エビの香ばしさが後を引く海老グラタン

スイーツは特注のハート
形の備前焼に乗せて

スタッフが集めたオシャレな雑貨が並ぶ

開放的なテラス席で
潮風を感じてみて

Shop Data

Stella Cafe

岡山県備前市日生町日生648-48

☎ 0869-72-4330
営 11:00～17:00、月曜は11:00～15:00
土・日曜・祝日は11:00～20:00
（17:00以降は要問合せ）
休 火曜
禁煙
P 20台
交 JR日生駅から徒歩15分

MENU

- 手作り海老カツランチ 1,350円
- 海老グラタンランチ 1,250円
  ※各ランチにスープ・ライスまたはパン付き
- スイーツセット（ドリンク付き） 750円～

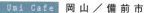

一面のガラス窓からは、海が一望できる

shibukawa caboulot

浜茶屋

しぶかわかぶーろ　はまちゃや

ビーチの真ん中で絶景と料理を満喫

岡山県内最大の海岸「渋川海岸」。白砂青松の砂浜は、「日本の渚百選」や「快水浴場百選」にも選ばれているほど。その美しい砂浜の真ん中に建つ「浜茶屋」では、最高のロケーションのなか、調理学校の講師を務めていたオーナーが腕をふるう本格料理やスイーツが味わえる。なかでも、「浜茶屋カレー」800円は、たっぷりのひき肉とタマネギ、リンゴやパイナップル果汁などを使い、ルウから手作りする本格カレーだが、辛すぎず、子どもや高齢者にも支持されている。このほか、日替わりのパスタやパニーニなども提供。6月末～9月末の間は、手軽にテイクアウトできる〝海の家メニュー〟に様変わりする。遠い島影に陽が沈んでゆく、瀬戸内海ならではの絶景が望める夕暮れ時もおすすめだ。

野菜のうまみが凝縮された自慢のカレー

窓の外には青い松と白い砂浜

元調理学校講師の腕が光る料理やデザート

焼きたてのパニーニ。具材は日替わり

広い店内の一角にはグリーンや小物が

Shop Data

shibukawa caboulot

浜茶屋

岡山県玉野市渋川2-5-3

☎ 0863-81-8432
営 11：00〜日没
休 水曜 ※不定休あり
喫煙可
P なし ※近くに無料駐車場あり
交 ＪＲ宇野線 宇野駅から車で約15分

MENU

ランチ	800円
デザート	500円
※どちらも日替わり3種類から選択	
グラスワイン	500円
カプチーノ	300円

晴れていれば遠くに四国を見ることができる

Cafe de toi

サンロック

かふぇどとわ　さんろっく

眼前に広がる海と空　大パノラマで一人占め

神島水道を見下ろす高台に建つ「サンロック」。こぢんまりとした店内は、気さくな女性オーナーと常連客の和やかな会話で賑わう。そんな、親戚の家にでも遊びに来たような、アットホームな雰囲気の店内も居心地がいいが、晴れていれば、ぜひともテラス席へ。一面に広がる穏やかな瀬戸内の海、四季折々の色に染まる山々、時おり海を渡る連絡船…。まるで絵はがきのような景色を大パノラマで満喫できる。そんな絶景の中で味わえるのは、１９８６年の開店当初から変わらぬ味で提供されている、ボリューム満点の「カツカレー」６５０円。サクサクのカツに、じっくり煮込んだ優しい味わいのルウが染み込む、人気ナンバー1メニューだ。飾らないオーナーのもてなしと同じくらい素朴な味わいに心温まるはず。

床に描かれた足形に立つとベストビューポイント

ボリューム満点の「カツカレー」650円

レアチーズケーキ
はドリンク付きで
600円

店内には植物や焼き物の飾りがたくさん

看板犬の"りゅうくん"
がお出迎え

Shop Data

Cafe de toi
サンロック

岡山県笠岡市神島3885-3

☎ 0865-67-4609
営 8:00～18:00
休 火・水曜
喫煙可
P 10台
交 高速山陽道笠岡ICから
県道34号線経由約20分

MENU

焼きそば	500円
ピラフ	500円
牛丼	550円
ケーキセット	600円

どの席からでも海を眺められる開放的な店内

Rossa Café Restaurant

ろっさ かふぇ れすとらん

水平線が一面に広がる本格イタリアンカフェ

牛窓の中心部から沖に向かった海辺の住宅地に建つ、白と赤の外観が目印のカフェレストラン。「眺めに引かれてこの場所に決めた」という店主の言葉通り、大きな窓から望む視界の先には、青々とした海と空が一面に広がる。景色が映えるよう内装はシンプルに仕上げ、ゆとりあるテラス席も完備。牛窓沖に浮かぶ黒島をはじめ、天候次第で香川県の屋島まで見渡せるそう。

開放的な空間でいただくのは、季節の恵みがたっぷり詰まった本格イタリアン。野菜やマッシュルーム、海苔といった地元食材を使い、素材の美味しい持ち味が引き立つメニューや調理法を提案。自慢の生パスタやピッツァは種類が豊富で思わず目移りしそう。爽快な海景色と本場の味を堪能しながら、リゾート気分を楽しんで。

ランチに付くドルチェ。
旬の新鮮な果物を使用

牛窓産海苔を使った人気のパスタランチ。素材を生かした優しい味

牛窓産生マッシュ
ルームのピッツァ

海とひと続きになったようなデッキテラス

窓際でのんびり。思
わず日常を忘れそう

Shop Data

Rossa Café Restaurant

岡山県瀬戸内市牛窓町牛窓6451-12

- ☎ 0869-24-8839
- 営 11:00～16:00（OS）、
  18:00～20:00（ディナー・要予約）
- 休 月曜（祝日の場合は翌日休）
- 全面禁煙
- P 19台
- 交 岡山ブルーライン邑久ICから車で約10分

MENU

- Aランチ
  （メイン・サラダ・ドリンク）
  1,200円～※内容により異なる
- Bランチ
  （メイン・前菜盛り合わせ・ドリンク）
  1,500円～※内容により異なる
- ドルチェピッツァ　1,200円
- Rossaのティラミス　650円

ご主人が手入れをする
庭を抜けて店内へ

山里の隠れ家

Asato

やまざとのかくれが　あさと

山里の隠れ家カフェで癒しの時間を過ごす

標高400mの山里で、オーナー夫妻と、看板犬の「アサトちゃん」で営む隠れ家カフェ。道中では、小さな滝や野生の動物を見ることができるなど、自然の中でのドライブが楽しめる。

カフェ巡りが大好きという奥さまが、ご主人の定年を機にオープンした。完全予約制で、限定10食のランチはすべて手づくり。「いくつになっても、自分で噛んで味わう食事を楽しんでほしい」という思いから、調理に一手間も二手間もかけて、堅い食材は一度ゆでて噛みやすくし、やさしい甘みを引き出しながら、趣向を凝らしたメニューを提供する。店内には旅行好きのご夫妻が旅先で買い求めた洋食器やアンティーク家具、雑貨、日本の古道具が並ぶ。一品一品を眺めながら食後のひとときを過ごすのもおすすめだ。

いろいろな料理が少しずつ楽しめてうれしい

店内には足踏みミシンや作家の作品が

デザートは食器も合わせて楽しんで

2階の「Gallery Asato」には旅の思い出が並ぶ

看板犬のアサトちゃんが迎えてくれる

Shop Data

山里の隠れ家

Asato

岡山県和気郡和気町南山方507

☎ 0869-88-0353
営 11:00〜17:00
休 月〜水曜、12月26日〜2月末日
禁煙
P 5台
交 JR和気駅から車で30分

MENU

- 気まぐれランチ（ケーキセット付き）2,000円
  ※前日正午までに要予約・10名様まで
- 気まぐれケーキセット 800円
- 珈琲・紅茶 400円

コーヒーとバイクが
趣味というオーナー

珈琲や

こーひーや

昭和レトロな店内で香り高いコーヒーを

かつて参勤交代の宿場町として栄えた矢掛町。当時の面影を色濃く残す矢掛本陣エリアから車を走らせること数分、のどかな田園風景が広がる集落の一角に隠れ家のようにたたずむ「珈琲や」。明治時代に建てられた古民家を改装した店内は、重厚感のある梁や使い込まれた床、あめ色の腰壁など随所に風格が感じられる。さりげなく飾られた置物も趣深い。昭和レトロな空間で味わえるのは、オーナーが一杯ずつ丁寧に入れてくれる香り高いコーヒー。なかでもおすすめなのは、飲み進むうちに味わいが変化する「東ティモール」５００円。また、ランチタイムには、奥様手作りの「カレー」や「日替わりランチ」（各５００円）などが楽しめる。どこまでも広がる田畑を望み、まどろむような贅沢なひとときを。

ハンドドリップで入れる自慢のコーヒー

カウンター奥にはこだわりのカップがずらり

奥様が腕をふるう
「ナポリタン」700円

窓越しに広がる田園風景に癒される

昔話に出てくるような
味のある外観

Shop Data

珈琲や

岡山県小田郡矢掛町西川面2285

☎ 0866-83-0515
営 10:00～17:00
休 日・月曜
喫煙可
P 8台
交 井原線矢掛駅からタクシー（車）で2km

MENU

チーズケーキ	450円
ワッフル	550円
グアテマラ	500円
ケニア	650円
エチオピア・モカ	500円
エチオピア・ナチュラル	650円

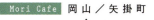

島 × アート

現代アートで島の魅力に付加価値を

1

2

3

1. 草間 彌生「赤かぼちゃ」2006年直島·宮浦港緑地　写真:青地 大輔
2. チェ·ジョンファ(崔正化)「太陽の贈り物」 Photo:Yasushi Ichikawa(小豆島)
3. 清水 久和「オリーブのリーゼント」 Photo:Kimito Takahashi(小豆島)

参考サイト：http://setouchi-artfest.jp

瀬戸内海の島々にある、空き家や廃屋などを国内外の現代アーティストの作品展示の場として活用。まちづくりならぬ〝島づくり〟に一役買っているのが瀬戸内国際芸術祭だ。

ある作家は島の文化や風習を取り入れ、また別の作家はアーティスト・イン・レジデンスを行い制作の場に島民を巻き込んでいく。島外からは多くの現代美術ファンが訪れ、島々のアートを巡る〝島めぐり〟という鑑賞スタイルが生まれるなか、「島の魅力をもっと知ってほしい」と、あちこちにカフェが誕生。〝島カフェ〟としてアート鑑賞に欠かせない存在になっている。

作品のなかには恒久展示されているものがあり、同芸術祭実行委員会は会期外も「ART SETOUCHI」としてアート活動を展開。さらに2019年には第4回芸術祭も開催される。本書を片手に、アートとカフェを巡る旅に出かけてみよう。

KAGAWA

Shima Cafe

香川 ● 島カフェ

小豆島の魅力を五感で楽しんで

井上誠耕園「らしく本館」
２階にあるカフェ・レストラン。
彩り豊かなメニューで
お腹と心を満たしたら、
オリーブ畑をお散歩しよう。

テラスで自然の風を感じながら、穏やかな時間を満喫

ファームズテーブル 忠左衛門

ふぁーむずてーぶる ちゅうざえもん

眼下にはオリーブ畑も広がる

美しいオリーブの島で素材を生かした料理を

オリーブや柑橘の生産から加工、販売までを一貫して行う「井上誠耕園」の直営カフェ・レストラン。オリーブオイルの魅力を存分に楽しめる料理だけでなくロケーションの素晴らしさも魅力で、海とオリーブ畑が織りなす美しい景色が料理の味わいをさらに引き立てる。小豆島伝統の手延べそうめんの手法で作られた、モチモチ食感の「手延べパスタ」も好評。観光客に人気の「オリーブ牛のタリアータ（薄切りステーキ）」は素材の旨味を生かした絶妙の焼き加減で、その味わいは感動モノ。カリッと焼いたパンにレモンオリーブオイルを染み込ませた、〝カリッじゅわ食感〟のハニートーストもおすすめ。建物のすぐそばにあるオリーブ畑は散策可能なので、海へと続く小道をのんびり歩いてみては。

オリーブ牛のタリアータ3,024円

瀬戸内の旬の食材を使った手延べパスタ

ハニートースト「レモンオイル」がけ702円

各テーブルに数種類のオリーブオイルをセッティング

1階ではオリーブ製品や雑貨、パンなどを販売

Shop Data

ファームズテーブル忠左衛門

香川県小豆郡小豆島町蒲生甲61-4
井上誠耕園らしく本館2階

- 0879-75-1188
- 営 11:00〜16:00（OS15:00）／
  土曜11:00〜21:30（OS20:30）
  ※5、8、11月は11:00〜17:00（OS16:00）／
  金土日祝11:00〜21:30（OS20:30）
  ※変更の場合あり
- 休 無休　終日禁煙
- P 70台　交 池田港から車で2分

MENU

- 鶏もも肉のアヒージョ 918円
- 小豆島の鮮魚のカルパッチョ 1,080円
- 黄色のパエリア 2名様鍋 2,808円
- オリーブティー 540円

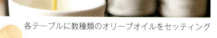

造り酒屋らしく、
店の外には杉玉が

フォレスト酒蔵森國ギャラリー

ふぉれすとさかぐらもりくにぎゃらりー

小豆島唯一の酒蔵で ほっとするひと時を

小豆島唯一の酒蔵として2005年に誕生した『森國酒造』が営むカフェ&ギャラリー。築80年の佃煮工場をリノベーションした建物の中で、酒の購入や食事ができる。カフェスペースでは、酒粕を使った多彩な料理に舌鼓を。甘酒に粕汁、アイスにまで酒粕が使われている。もちろん酒も豊富にラインナップ。「ふわふわ」「ふふふ」「うとうと」「びびび」といった、かわいらしいネーミングのオリジナル酒を一度に試せる「利き酒セット」がおすすめ。また、「杜氏のまかない飯」は、米、粕汁に使う削り節や豚肉、お茶などすべて小豆島産。島の良いところを食でたっぷり堪能できる。2015年にはベーカリーも誕生。酒米100%の米粉を使ったコッペパンなどが楽しめるので、訪れた際にはぜひ足を運んでみて。

手作りの味が楽しめる杜氏のまかない飯1,000円

4種類のお酒を飲み比べできる利き酒セット1,500円

最中にアイスを挟んで食べる酒粕アイス400円

香り豊かな大吟醸酒粕あんこのコメコッペ280円

お土産にお酒を買う人多数。枡付きもあり

Shop Data

フォレスト酒蔵
森國ギャラリー

香川県小豆郡小豆島町馬木甲1010-1

☎ 0879-61-2077
営 11:00〜17:00（カフェ）、9:00〜17:00（ギャラリー・ベーカリー）
休 木曜（カフェ）、第2・4水曜、木曜（ベーカリー）
終日禁煙
P 約20台
交 草壁港から車で約7分

MENU

- 大人のアイスクリームセット 1,300円
- 酒屋さんのかき氷（季節限定） 800円
- 甘酒ドリンクプレーン（温・冷） 500円

海が一望できる癒しの空間でひと休み

タコのまくら

たこのまくら

海辺の古民家カフェで穏やかな時間を満喫

海沿いにたたずむ古民家を店主自らが仲間とリノベーションしたカフェ。壁にはステンドグラスが埋め込まれ、太陽に照らされてきらめく様子に心が癒される。窓辺のカウンター席に座ってフェリーが往来する穏やかな瀬戸内海の景色を眺めながら、日常を忘れてのんびり過ごすのもおすすめ。食事は「今日のごはん」のみを提供していて、野菜を中心に小豆島の旬の食材などを使用したおかず約10種類、有機栽培の米、出汁の効いた味噌汁が楽しめる充実の内容。自家製スイーツやドリンクも豊富なので、食後にゆっくりカフェタイムも楽しめる。靴を脱いでくつろげる広々とした店内は、小さな子供連れにも好評。カフェの営業は金〜月曜限定なので、週末に旅行などで小豆島を訪れた際にぜひ利用してみては。

野菜中心で体に優しい「今日のごはん」1,100円

自家製梅シロップを
使用した「梅ソーダ」
540円

レアチーズとラム
レーズンタルトの
「海うさぎ」430円

自家焙煎のこだわりコーヒーもぜひ

流木などを使った
手作りの看板が目印

Shop Data

タコのまくら

香川県小豆郡小豆島町池田1336

☎ 0879-62-9511
営 11:30〜17:00
（フードOS14:30、ドリンクOS16:30）
休 火〜木曜
禁煙 終日禁煙
P 5台
交 池田港から車で5分

MENU

チャイ	540円
穀物コーヒー	430円
ハーブティー	430円
ケーキ各種	430円〜

自然に囲まれた空間。庭には木のブランコも

HOMEMAKERS

ほーむめいかーず

山間の農家カフェで野菜の美味しさに感動

自然豊かな山間にある肥土山(ひとやま)で年間約80種類の野菜を育てる夫婦が営む、週２日限定の農家カフェ。駐車場から緩やかな坂道を少し上った先にある、石垣が印象的な外観の建物は築１２０年の古民家をリノベーションしたもの。店内にはカウンターやテーブル、座敷などが用意され、ゆったりくつろげる雰囲気。野菜たっぷりのランチ３種類をはじめ自家栽培の生姜や柑橘のシロップで作るドリンクなどが楽しめ、地元の人を中心に多くの人が集う癒しの場所となっている。壁一面の本棚には建築や農業、食に関するものなど店主が20代の頃から読んできた本がズラリと並び、コーヒーを片手にのんびり読書を楽しむのもおすすめ。事前に予約をすると、予算に合わせて野菜を購入できるので気軽に問い合わせを。

野菜の甘さが際立つ「旬野菜カレーライス」950円

「本日のケーキ」400円とこだわりコーヒー

旬の素材で作る「本日のマフィン」1個300円

畑の生姜を使用した「ジンジャーエール」400円

店内では生姜や柑橘の自家製シロップも販売

Shop Data

HOMEMAKERS

香川県小豆郡土庄町肥土山甲466-1

☎ 0879-62-2727
営 11:00～17:00（OS16:00）
休 日～木曜、12月中旬～2月中旬は冬季休業
終日禁煙
P 6台
交 土庄港から車で15分

MENU

- クロックムッシュサンド 950円
- 旬野菜サラダプレート 950円
- オリジナルブレンドコーヒー 400円
- 紅茶 400円

民家風の外観に
ンジののれん
目印

なかぶ庵

なかぶあん

生そうめんが絶品！工場直営の食事処

昭和45年創業のそうめんとうどんの製造・販売を行う中武商店が営む「なかぶ庵」。創業当時から心を込めた麺づくりをし、常にお客様の声に真心で応えることを大切にしている。工場に食事処を併設しており、いつでも生そうめんが味わえるのがここの魅力。生そうめんは乾麺とは全く違う、つるつるもちもちとした独特の食感。あまりのおいしさにお土産用を購入して帰る方も多いそう。ぜひ食べてほしいのは、お店オリジナルの「オリーブそうめん」。自社農園産100％のオリーブ果汁を麺に練り込んだうえ、エキストラバージンオリーブオイルを麺の表面に塗った特別な逸品だ。美容にも良いので女性に特におすすめ。また、工場見学や工程のひとつの箸分け体験もできるので、気になる方はまずはお問合せを。

工場併設だからこそ味わえる生そうめん

同店オリジナルのヘルシーなオリーブ生そうめん

オススメ

オリーブ・ゆず・梅と色とりどりのそうめん

持ち帰り用生そうめんは冷蔵で30日間保存可

オリーブハンドクリーム
756円も販売中

Shop Data

なかぶ庵

香川県小豆郡小豆島町安田甲1385

- ☎ 0879-82-3669
- 営 10:00～15:00(OS14:00)
- 休 月曜(祝日の場合は翌日)
- 終日禁煙
- P 約10台
- 交 坂手・草壁港から車で約10分

MENU

- 生そうめん
  - 110g(並) 600円
  - 170g(大) 800円
- オリーブ生そうめん
  - 110g(並) 700円
  - 170g(大) 900円
- 釜あげそうめん100g(並)
  - ※季節限定 700円

から見える緑は
よりのごちそう

こまめ食堂

こまめしょくどう

米と水が主役の島の〝いつもの味〟

日本の棚田百選に選ばれている中山千枚田のすぐそばに位置する『こまめ食堂』。昭和初期に建てられた精米所を修復し、2010年に初開催された瀬戸内国際芸術祭をきっかけにオープンした。ここの主役は〝米と水〟。中山地区で手間暇かけて作られたお米と、名水百選にも選ばれている湯船山の湧水を使っている。「棚田のおにぎり定食」は、おにぎりを主役に、旬の海の幸・山の幸がたっぷり! 魚を一尾丸々揚げたり、旬の味をかき揚げにしたりと、日替わりでさまざまな味が楽しめる。「島の食材を使った、島で暮らす人たちが普段食べているものを手作りしています」と、立花店長。食事は予約不可だが、混雑時は来店順に整理券を配布している。ゆったりとした時間が流れる食堂で、島の味を楽しんで。

さっぱりとした味わいのしそソーダ500円

日替わりで楽しめる「棚田のおにぎり定食」1,380円

種類豊富な手作りのマフィン250円

中山地区の棚田の美しさといったら！

元は昭和初期に建てられた精米所

Shop Data

こまめ食堂

香川県小豆郡小豆島町中山1512-2

☎ 080-2984-9391
営 11:00〜16:00
（OS15:00※テイクアウトOS15:30）
休 火曜、隔週水曜
🚭 終日禁煙
P 20台（近隣の中山公民館P利用）
交 土庄港から車で約15分
土庄港からバス約22分、春日神社前下車すぐ

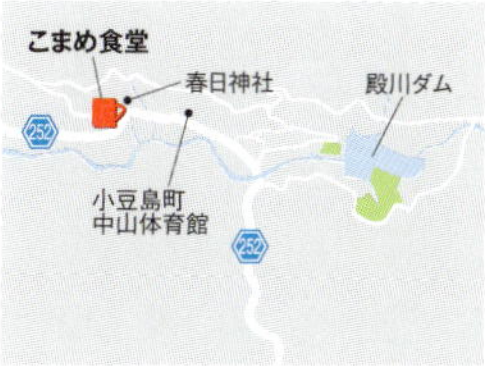

MENU

- 小豆島オリーブ牛
  ハンバーガーセット 1,100円
- 小豆島オリーブ牛
  メンチカツバーガーセット 1,100円
- スイーツセット 700円

赤い扉の向こうには、店主のこだわりが詰まった空間が

Cin.na.mon

しなもん

地元常連客に愛されるカレーが自慢の店

宮浦港から徒歩5分。古民家の外観のイメージとは異なり、屋号の由来である「シンプル、ナチュラル、モダン」に整えられた内装が出迎えてくれる。夜はカフェバーに。そして2階はゲストハウスも兼ねているので予約さえしておけば安心だ。ランチタイムの一押しは、自慢の名物直島カレー900円。店長の実家がカレー屋を営んでいることから、ルーの仕込みには余念がない。数種類の野菜や牛すじなどを長時間煮込んだマイルドなルーと、直島近海で獲れたシーフードのうま味とで、深みのある味わいに仕上げている。17時からのカフェバーは、居酒屋並みのメニュー数の多さに加え、直島ビールなどのアルコール類も豊富にそろっている。地元の常連客にも愛される、気負いのない店である。

カウンター席もあり、お一人様でもOK

不動の人気の鶏のチリマヨカレー900円

エビ、ホタテ、イカのうま味が染み出し美味

直島では珍しいタピオカドリンク各400円

センスがいい入り口のアートにも注目！

Shop Data

Cin.na.mon

香川県香川郡直島町宮浦2310-31

- 087-840-8133
- 営 11:00〜15:00(OS14:30)、17:00〜22:00(OS21:30)
- 休 月曜、不定休
- カウンター、座敷は禁煙
- P 2台
- 交 宮浦港から徒歩5分

MENU

野菜カレー	800円
チキン南蛮定食	800円
直島限定ビール	800円
本日のスムージー	450円

どことなく懐かしい、
ひなびた雰囲気の店先

直島カフェ

コンニチハ

なおしまかふぇ　こんにちは

風光明媚な風景の中で
時を忘れてゆっくりと

眼前に瀬戸内海の景色を望む海辺のカフェ。自他ともに認める屈指の「ゆるさ」が同店の売りで、まるで田舎のおばあちゃんの家に来たような懐かしい雰囲気に包まれる。島影が並ぶ景色を眺めながら食べるランチは格別だ。ホエー豚のベーコンを使用したクリームチーズリゾットはサラダにスープ、選べるドリンクが付いた創業時からの人気メニュー。ほかにも、有頭エビでダシをとったシーフードたっぷりのコンニチハカレーや、香川県高松市にあるプシプシーナ珈琲から豆を取り寄せたコーヒーなどメニューも豊富。テラス席で、のんびりと休憩を兼ねてドリンクを楽しむのもおすすめ。併設の雑貨スペースでは、ここだから手に入る作家もののアクセサリーや小物なども販売している。

リゾットはオープン当初からの人気メニュー

オススメ

日替わりスイーツは
コーヒーとも好相性

こだわりのおうちパン
ケーキ680円も人気

約20人の作家のアクセサリーや小物を扱う

年季の入った看板が目
印。本村港が目の前に

Shop Data

直島カフェ

コンニチハ

香川県香川郡直島町845-7

- ☎ 087-892-3308
- 営 10:00~20:00頃(夏)、10:00~18:00頃(冬)
- 休 不定休
- 禁煙 ※テラス席は喫煙可
- P なし
- 交 本村町営バス農協前からすぐ

MENU

季節のリゾット	1,300円
コンニチハカレー	1,350円
日替わりスイーツ	400円~
珈琲	450円~
紅茶	500円~

玄米ごはんをモチーフにしたのれんが目印

玄米心食

あいすなお

げんまいしんしょく　あいすなお

築90年の古民家で心身ともにリセット

「直島に来て心を癒やして、さらにこのお店の食事で体を癒やしていただけたら」との思いで２００６年にオープンした和食のおばんざいや。「直島を愛す」という思いが随所に込められたランチは、どれも一つひとつ丁寧に愛情を込めて作られた体に優しいものばかり。なかでも、岡山県産の農薬、化学肥料不使用の有機米を使って炊いたモチモチの発酵玄米が自慢のあいすなおセット８５０円は、全国各地から厳選した食材を使った副菜をはじめ、瀬戸内の郷土料理「呉汁」などヘルシーな料理内容になっている。他にも卵、乳製品不使用の季節のオリジナルデザートも定評がある。食事処のほか、作家ものの限定手ぬぐいや、和雑貨類も販売。坪庭を眺めながら心身ともにほっこりしてみては。

ベジタリアンやビーガンの人にもおすすめ

米粉で作った抹茶ケーキ400円

夏にぴったりの
そうめんセット
700円

手ぬぐいや野菜をモチーフにした雑貨がキュート

丁寧に手入れされた
坪庭に心癒やされる

Shop Data

玄米心食
あいすなお

香川県香川郡直島町761-1

- ☎ 087-892-3830
- 営 11:00〜OS15:00
- 休 月曜(祝日の場合は営業)、不定休
- 禁煙
- P なし
- 交 町営バスで本村地区「農協前」下車

MENU

おむすびセット	600円
すすりこセット	900円
季節限定自家製豆乳あいす	350円
有機栽培コーヒー	350円

島の住人の個人宅を訪れるような店構え

カフェサロン

中奥

かふぇさろん　なかおく

古き良き古民家カフェ 唯一無二の直島タイム

小高い丘の上にたたずむ一軒家カフェ。築70年の古民家をリノベーションした店内は、使い込まれた落ち着きのある雰囲気が、訪れたゲストを心地良く包み込んでくれる。「島らしいゆっくりとした時間の流れを感じてもらいながら、食事やコーヒーを楽しんでほしい」。そんな店主の思いから、ランチタイムは、イタリア産オーガニックトマトを使用したオムライスや、オリジナルカレーなど気軽に楽しめるものや、厳選した豆で丁寧にドリップしたコーヒーがメイン。夜は〝島バル〟として大人の時間が楽しめるので、〝うまい夜〟も堪能したいなら泊まり覚悟で訪れたい。料理は瀬戸内の旬の食材を使ったオリジナルメニューやお酒も用意。時を忘れて思わず長居したくなる。店内奥のギャラリーも見逃せない。

自慢のコーヒーは厳選した豆で丁寧にドリップ

自家製デザートにプラス330円でドリンク追加OK

ふわふわの卵が乗ったオムライスは上品なおいしさ

ギャラリーでは茶器や雑貨も販売

道端にある看板が目印。自転車か徒歩がおすすめ

Shop Data

カフェサロン

中奥

香川県香川郡直島町本村字中奥1167

- ☎ 087-892-3887
- 営 11:30~15:00(OS14:40)、17:30~21:00(OS20:30)
- 休 火曜、不定休
- 全席禁煙
- P なし
- 交 本村港から徒歩で10分

MENU

- ふわとろオムライスの自家製トマトソース　800円
- 中奥特製ココナッツ入りカレー&ライス　800円
- 中奥オリジナルブレンド　420円

キュートなディスプレイに心が躍る

APRON CAFE

えぷろんかふぇ

新鮮な旬菜がたっぷり 心身ともに元気を補充

伝統的な焼き板と白漆喰の塗り壁の家が並ぶ本村地区。その街中に溶け込むようにして２０１３年にオープンした「ＡＰＲＯＮ ＣＡＦＥ」。「野菜をたくさん食べて、ゆっくり食事を楽しんでもらいたい」。そんな思いで、店主で管理栄養士の資格を持つ圓藤真木子さんは、毎朝仕入れる新鮮な野菜と、瀬戸内の食材をたっぷり使った季節に合わせたランチメニューを提供している。人気の高い季節のスペシャルランチ１５８０円は、見た目の美しさはもとより、抗酸化作用たっぷりの旬菜、栄養価の高いスーパーフードを取り入れて美容や健康面にも配慮。自家菜園で採れるハーブを使った季節のドリンクや、手作りスコーンなどスイーツも好評だ。ナチュラルな雰囲気の店内を彩るアート作品や雑貨にも感性が刺激される。

夏にぴったりの
柑橘系のドリンク

手ぬぐいや雑貨などオリジナル商品を販売

季節のスペシャルランチ
は、旬の野菜がたっぷり

直島産のソラ塩バターに絡めておいしさUP！

テイクアウトが可能な
手作りスコーン1個
350円～

Shop Data

APRON CAFE

香川県香川郡直島町本村777

- 087-892-3048
- 営 11:00～15:30
- 休 月曜、不定休
- 店内は禁煙、屋外に喫煙席9席あり
- P なし
- 交 町営バスで本村地区「農協前」から徒歩3分

MENU

- ひよこ豆のスパイシーカレー 1,100円
- 酒粕のしっとりケーキ（ホイップクリーム付き） 470円
- 自家製ハーブティー 500円
- 直島産甘夏スカッシュ 550円

イチゴ尽くしのメニューが
楽しめる島の人気スポット

いちご家

いちごや

イチゴ農家直営なので申し分ない鮮度と甘さ

豊島の家浦港から潮の香りを感じながら歩くこと5分。「いちご家」は20年以上前からイチゴ農家を営むオーナーが、もっとたくさんの人に美味しいイチゴを食べてもらいたいと2009年にオープン。酸味と甘みのバランスが程よくマッチした品種「女峰」をふんだんに使ったメニューが楽しめる。カウンターで注文し、代金を支払うセルフスタイルだ。人気の「生いちごいっぱいパフェ」はその名の通り花びらのようにイチゴが盛り付けられたメニュー。クリームの中にもイチゴ入っていてイチゴ好きにはたまらない。オリジナルのイチゴソースがたっぷりの「イチゴ氷」(450円〜)の種類も豊富。店内ではイチゴソース等も販売。12月〜4月は採れたてのイチゴをパックで販売している。

オススメ

採れたてのイチゴとクリームのハーモニーが絶妙

スムージー等イチゴを使ったドリンクも豊富

自家製シロップを使い一味違うかき氷

レンタサイクルで島を一周した後に立ち寄る人も

生イチゴ商品は11月～6月の提供

Shop Data

いちご家

香川県小豆郡土庄町豊島家浦2133-2

- 📞 0879-68-2681
- 営 12:00～17:00（土日祝11:00～）
- 休 火曜（祝日の場合翌日、月祝の場合火曜営業、水曜休業）+不定休
- 🚭 店内禁煙
- P 有
- 交 家浦港より徒歩5分

MENU

- 生イチゴいっぱいパフェ 550円
- 生いちごソフトクリーム 390円
- いちごミルク氷 500円～
- 生いちごいっぱいクレープ 600円
- ぜいたくスムージー 510円

昔ながらの商店をそのまま食堂に

金栄丸食堂

きよまるしょくどう

井戸端会議のような島の人との交流も宝物

「直島カフェ コンニチハ」のオーナーが2016年に豊島の上川商店のスペースに食堂をオープン。かつて上川商店は金栄丸という船を所有し、「きよまる」という愛称で島の人たちから親しまれていたことから店名を「金栄丸食堂」とした。地元の食材を家庭的なスタイルで提供する「食堂」として、観光客はもちろん、島の人にも愛されている。島の漁師から水揚げしたばかりの魚が届けられ、新鮮なままランチやディナーのメニューとして登場。島ならではの心地よい緩さに癒されるひとときだ。夜も更けてくると日本酒を片手に国籍も超え、旅人と地元の人たちが話に花を咲かせる光景もここならでは。朝は「あさごぱんセット」680円で元気をチャージ。ランチは予約をした方が確実。

「おまかせ定食」は新鮮な魚がメイン

トーストには岡山県産の卵を添えて

日本酒3種飲み比べセットと島レモネード

水揚げされた新鮮な瀬戸内の海の幸が届く

スタッフの手がけるブランド「UMISHIDAI」のアクセサリーも販売

Shop Data

金栄丸食堂

香川県小豆郡土庄町豊島家浦2356

- 電話 090-5696-1909
- 営 だいたい7:30～10:00、昼10:00～16:00頃、夜18:00～21:00(OS)
  ※朝・夜は宿屋「たかまつ屋」に宿泊の方優先
- 休 不定休
- 禁煙(軒先に灰皿有)
- P 1台
- 交 家浦港より徒歩5分

MENU

- おまかせ定食 1,800円～
- 朝ごはんセット 680円
- 森國酒造3種飲み比べセット 1,200円
- 島レモネード 480円
- 珈琲(神崎珈琲焙煎所) 450円～

カジュアルフレンチは
靴を脱いでくつろいで

ビストロ

伊織

びすとろ　いおり

漁師から直接仕入れた
海の恵みをフレンチに

男木島の魅力あふれる食材を使ったフレンチをカジュアルに楽しめる。フードメニューはランチプレートのみ。プレートには男木島の漁師から直接仕入れる魚介をメインに、キッシュやマリネが並び、サラダにかけるドレッシングは男木島産のひしおを使ったオリジナル。パンも自家製にこだわる。食事の締めくくりにはデザートも付いてくるためコストパフォーマンスが高いと評判で、はるばる島外から訪れる人も。シェフのポリシーは素材の味を最大限活かすこと。鮮度の高い食材が手に入る男木島ならではの利点を活かし、控えめな味付けで本来のおいしさを引き立てる料理を心がけている。春夏はサワラやタイ、秋冬はブリなどが登場。日によって採れる魚が変わるので変わり種メニューもお楽しみに。

関西で修行したシェフがUターンして開業

ランチプレートについてくる季節のデザート

男木島で捕れた魚が主役のランチプレート

ワインはフランス産をメインに揃えている

猫島といわれるだけに島内には猫もたくさん

Shop Data

ビストロ

伊織

香川県高松市男木町2-4

☎ 080-9832-2931
営 11:00〜15:00(OS)
休 木曜
禁煙 終日禁煙
P なし
交 男木港から徒歩10分

MENU

ランチプレート	1,500円
本日のデザートとドリンクセット	700円
ソフトドリンク	300円
グラスワイン	350円
ボトルワイン	2,500円

笠島まち並み保存地区にある古民家カフェ

ギャラリー＆カフェ

吾亦紅

ぎゃらりーあんどかふぇ　われもこう

町並みを散歩したら古民家の和室で小休止

本島は戦国時代、塩飽水軍の本拠地として栄えた港町。カフェがある笠島エリアに足を踏み入れるとノスタルジックな町並みが広がっている。その一角に赤いのれんを掲げるのが吾亦紅。古民家を改装した店内は一部ギャラリーになっており、店主の夫である故・長本悦司氏の作品が展示されている。また作品はポストカードにして販売されており、お土産として買い求める人も。食事は自家菜園で作られた野菜が主役の「本島野菜どっさりカレー」が人気。また春には旬のタイをアクアパッツァで楽しめる。ほかにも焙煎にこだわったコーヒーやスイーツなどもスタンバイ。店内には島の歴史にまつわる本もあるので、ページをめくりながら島の魅力を再発見してみたい。

093

濃厚なカレーとトッピングの野菜が好相性

古い建物を眺めながら散策を

漁師から仕入れる
新鮮なタイをアクア
パッツアに

細密画とよばれる画法で緻密に描かれている

いろいろな魚が描か
れた葉書はそろえたく
なる可愛さ

Shop Data

ギャラリー＆カフェ

吾亦紅

香川県丸亀市本島町笠島312

- 0877-27-3007
- 営 11:30〜16:00
- 休 月〜水曜
- 全面禁煙
- P なし
- 交 泊港から徒歩30分

MENU

本島野菜どっさりカレー（サラダ付き）	800円
タイのアクアパッツァ	1,200円
舌平目煮付け定食（季節限定）	1,500円
コーヒー	850円
おいりアイスクリーム	350円

島×映画

感動のシーンが生まれた　ロケ地巡りのススメ

1

2

3

4

1. 美しい棚田が広がる「中山千枚田」(小豆島)
2. 「二十四の瞳映画村」(小豆島)
3. 映画村にある木造校舎の教室は映画「八日目の蝉」でも使われた(小豆島)
4. 真鍋中学校(真鍋島)

映画やドラマに登場している数々の名シーンが、瀬戸内で撮影されていることをご存知だろうか。たとえば小豆島なら、「小豆島オリーブ公園」が実写版「魔女の宅急便」に登場。さらに山の傾斜に棚田が広がる「中山千枚田」は、映画「八日目の蝉」の虫送りの重要なシーンで使われている。加えて、島が映画のロケ地になったことを契機に、映画のオープンセットをそのまま改築・再現した「二十四の瞳映画村」も有名だ。

ほかにも映画版「瀬戸内少年野球団」が撮影された真鍋島の真鍋中学校、「世界の中心で、愛を叫ぶ」で、夕日を眺めながらサクとアキが語り合った高松市庵治町の「王ノ下沖防波堤」など、瀬戸内には映画ファン必見のロケ地が数多く存在する。ソフト化されている作品も多いので、訪れる前に観ておくのもおすすめ。カメラ片手にロケ地巡りをするのも楽しみたい。

KAGAWA

Umi & Mori Cafe

香川 ●海カフェ ●森カフェ

木の香りに包まれ
森で過ごす

材木店が経営する森の中の小さなカフェ。
天気がいい日には
お気に入りの場所を見つけて
ゆっくりランチを楽しみたい。

KITOKURASカフェ《きとくらすかふぇ》

向かいの木材店ではDIY用の木材の販売コーナーも。
家具や家作りなど木に関する相談にも乗ってもらえる

森に抱かれているように
自然に溶け込んだカフェ

木の魅力を五感で感じられる場所。

木の良さを多くの人に伝えたいと木材店がオープンしたカフェ。森の中の小道を入るとカフェや日用品を扱う雑貨店、ギャラリー、図書館、ホールなどが並ぶ。専任の庭師スタッフが手入れする庭には木製のブランコや滑り台もあり、遊びながら木と触れ合えると人気。ランチは、味噌や麹、甘酒と地元の野菜を使い、調味料まで吟味した「森のキーマカレー」、琴平町の人気精肉店「西山食肉店」の焼き豚を使用した「焼き豚丼プレート」、愛媛から取りよせているこんにゃくベーグルが自慢の「ベーグルセット」の3種。休日はランチボックスで提供されるので店内やバルコニー、森の中にあるベンチなど、思い思いの場所でゆっくりと頂ける。木の持つパワーで心身ともにリラックスしよう。

調味料から吟味したこだわりのカレー

可愛いテイクアウト
用のランチボックス

3種類の味が選べる
スティックタイプの
スイーツ「キトの小枝」

食器やカトラリーなど木の
ぬくもりを感じる雑貨も揃う

テラス席では小鳥
のさえずりや森の
匂いを感じて

Shop Data

KITOKURASカフェ

香川県丸亀市綾歌町栗熊東3600-5

- 0877-86-5331
- 営 10:00～17:00（カフェOS16:30）
- 休 木曜
- 終日禁煙
- P 40台
- 交 高松空港より車で15分、ことでん滝宮駅・岡田駅よりタクシーで5分、栗熊駅より徒歩25分

MENU

キーマカレーセット	1,000円
ベーグルセット	900円
焼豚丼セット	950円
キトの小枝	各300円
コーヒー	400円
ミルク入りコーヒー	500円

ほぼガラス張りで見晴らし抜群

KAKIGORI CAFE

ひむろ

かきごおりかふぇ　ひむろ

天空を映すビーチで地元フルーツのかき氷を

「日本の夕陽百選」に選ばれ、フォトスポットとして注目を集めている『父母ヶ浜』。風がなく水面に波が立たない日には、干潮時に砂浜にできる潮だまり（水たまり）に、天空を映し出す鏡のような光景が見られることから、『日本のウユニ塩湖』とも呼ばれている。

　そんな絶景を望むロケーションに店を構えるのが、かき氷専門店『ひむろ』だ。一年を通じて三豊産を中心とした旬の果物を使ったかき氷が楽しめる。バラエティーに富んだシロップと練乳はすべて自家製で、ふわふわの氷との相性抜群。三豊産のボイセンベリーを使ったかき氷など、珍しいメニューもそろう。

　夏場の海水浴の際にはもちろん、美しい干潟や夕焼けを見ながら、恋人や家族と味わってみては？

三豊産のフレッシュベリーをたっぷり使用

ほろ苦い緑茶と自家製練乳がベストマッチ

地元農家で作られた商品の販売も

季節ごとに具材が変わるミックスジュース

店のすぐそばのビーチで海水浴もできる

Shop Data

KAKIGORI CAFE

ひむろ

香川県三豊市仁尾町仁尾乙202

- ☎ 0875-82-2101
- 営 11:00～18:00(季節によって変更あり)
- 休 月・火曜
- 禁煙
- P 30台
- 交 JR比地大駅から車で9分

MENU

かき氷 いちご	680円
かき氷 高瀬緑茶	730円
季節のMIXジュース	550円
かき氷 生いちご（期間限定）	750円

木々が蒼々と生い茂る森のなかの洋食店

神椿

CAFÉ&RESTAURANT

SERVICE BY SHISEIDO PARLOUR

かみつばき

銀座資生堂パーラーと地元食材のマリアージュ

こんぴらさんの愛称で親しまれる金刀比羅宮の階段を上ると、５００段目に現れる神椿。東京銀座「資生堂パーラー」の味と地元香川の食材が融合する、ここでしか味わえないメニューがあり、観光客のみならず地元の人も記念日などに訪れる。少しずついろんな味を楽しみたいなら神椿ランチプレートがおすすめ。内容は月替りで、旬の食材をさまざまな仕立てで堪能できる。撮影日にはハンバーグ、カレー、ポテトサラダが並び、デミグラスソースをはじめ、料理は銀座本店の味わいをベースに作られている。

また、神椿パフェは香川県の嫁入り菓子「おいり」をトッピングし、香川県産早生みかんのコンポートや地元醤油を使った焼き菓子などメイドイン香川がもりだくさん。パワースポットこんぴらさんで特別な時間を。

内容は月ごとに替わる神椿ランチプレート2,500円

丸いアイスが入ったこんぴらさんのラムネ800円

カフェコーナーで人気の神椿パフェ900円

こんぴらさんの藪椿を描いた芸術作品が壁画に

自然豊かな風景を眺めながらゆったり過ごして

Shop Data

神椿
CAFÉ&RESTAURANT
SERVICE BY SHISEIDO PARLOUR

香川県仲多度郡琴平町892-1金刀比羅宮内

☎ 0877-73-0202(9:00～17:00)
営 カフェ 9:00～17:00(OS16:30)、レストラン 11:30～15:00(OS14:00)、18:00～21:00(夜は前日15時までに要予約)
休 無休　禁煙　P 25台
交 JR・ことでん琴平駅からタクシーで10分

MENU
- 神椿ランチコース 3,700円
- 神椿ディナーコース 5,000円
- ミートクロケット資生堂スタイル 1,750円
- オムライス 1,750円
- ビーフカレーライス 1,650円

窓辺に広がる大パノラマが人気

東山魁夷せとうち美術館

カフェ　な・ぎ・さ

ひがしやまかいいせとうちびじゅつかん　かふぇ　なぎさ

瀬戸大橋を望む絶景のロケーション

瀬戸内海の美しい景色を楽しむなら、香川県立東山魁夷せとうち美術館内にあるカフェ「な・ぎ・さ」がおすすめ。海側が一面ガラス張りとなっており、日本画家東山魁夷画伯の祖父が生まれ育った櫃石島をはじめとした瀬戸の美しい島々と、大迫力の瀬戸大橋を望むことができる。

カフェの運営を行うのは、香川土産としても有名な「名物かまど」。人気の和菓子「あまも」や「ビスコッティ」などのメニューは、お土産として購入することもできる。抹茶はもちろん、コーヒーのお供にもピッタリ。可愛いオリジナルカップはミュージアムショップでも販売されているからぜひチェックを。

美術館の観覧後はもちろん、カフェのみの利用もできるので、フォトスポットとして訪れてみては？

瀬戸内海をイメージした
かるかん羊羹「せとうち気分」200円

「あまも」と「抹茶」のセット

「コーヒーカップ&
ソーサー」2,060円は
画伯の作品がモチーフ

カフェの外にあるテラスは絶好のフォトスポット

美術館限定の
お菓子をお土産に

Shop Data

東山魁夷せとうち美術館
カフェ な・ぎ・さ

香川県坂出市沙弥島字南通224-13

- ☎ 0877-44-1333(美術館代表)
- 営 9:30〜16:30(OS16:00)
- 休 月曜(休日の場合は翌日火曜)／年末年始(12月27日〜1月1日)／展覧会準備期間
- 禁煙
- P 瀬戸大橋記念公園「西駐車場」約300台
- 交 JR坂出駅から美術館行きバスで20分

MENU

あまも	140円
ビスコッティセット(コーヒーor紅茶)	550円
抹茶	400円
ケーキセット(数量限定)	650円

ぐるりと店内を見渡してお気に入りの席を見つけよう

umie

うみえ

瀬戸内海を望む景観が何よりのおもてなし

瀬戸内海の島へ向かう船が発着する高松港を望む北浜アリー。トレンドに敏感なショップが集まるエリアとして、地元はもちろん、観光客も多く足を運び賑わう。その人気の火付け役ともいえるのが2001年にオープンした「umie」。香川県内では、古い建物をリノベーションしたカフェの先駆け的な存在で、今も変わらず愛され続けている。デザイン会社が経営するカフェだけあって店内も非常にユニーク。椅子やソファ等様々なテイストの家具が配されているものの、不思議と統一感があり雰囲気ある空間に。窓辺のカウンターは、穏やかな瀬戸内海が一望できる特等席。島へ向かうフェリーを待つ時間に利用すれば旅の思い出が1つ増えるはず。ランチや焼きたてのスコーンなど絶品スイーツとともに楽しんで。

爽やかな風味の
「ベリーエール」

柔らかく煮込まれた絶品のビーフシチュー

味は毎日のお楽しみ
の焼きたてマフィン

行き交う船を眺めていると時が経つのも忘れそう

古い倉庫をリノベー
ションしたカフェ

Shop Data

umie

香川県高松市北浜町3-2 北浜alley内

- ☎ 087-811-7455
- 営 11:00〜23:00、土曜10:00〜、日祝10:00〜21:00
- 休 水曜（休日の場合翌日）
- 喫煙可
- P 北浜アリー共同P
- 交 JR高松駅徒歩7分

MENU

ビーフシチュープレート	1,200円
カレープレート	1,000円
お楽しみマフィン1個	350円
ベリーエール	600円
白桃ラッシー	700円

カウンター席は海が一望できる人気の席

Cafe

風車の丘

かふぇ　ふうしゃのおか

海を望む特等席に座って心と体をリフレッシュ

高台から望む穏やかな瀬戸内海は格別。店内には海に面したカウンターのほかテラス席もあり、天気のいい日は子ども連れや女性たちで賑わう。また朝早くから開いているのでモーニングに訪れる人も多い。土曜限定メニューには珍しい玄麦おにぎりや多度津産オリーブの塩漬けおにぎりなどをセットにした朝ごはんセットもあり、カフェの朝食を楽しめる。いつでもオーダーできるフードはパニーニなどのサンド系が充実。自家農園で作った新鮮野菜を主役にし、具材がたっぷり入っているのが特徴。また夏場はフルーツを入れたスムージーが人気で、自家栽培のブルーベリーや地元産のいちじくなど地域で採れたものが味わえる。刻々と変わる海を眺めながら、ゆったり流れる時間を過ごして。

自家農園で採れた野菜だから新鮮で安心

自家栽培のブルーベリーを使ったスムージー

人気の生ハムとクリームチーズのパニーニ

高台から望む穏やかな瀬戸内海に浮かぶ島々

晴れた日にはテラス席でくつろぎの時間を

Shop Data

Cafe

風車の丘

香川県仲多度郡多度津町東白方864-1

0877-32-0368
営 8:30〜夕日が沈むまで
休 木曜、第3金曜（その他不定休あり）
喫煙可
P 15台
交 JR海岸寺駅からタクシーで10分

MENU

- トーストセット 500円
- プレート 800円+ドリンク代
- 風車の丘ワッフル 600円
- イチジクとヨーグルトのさわやかスムージー 600円
- オレンジスイートヨーグルト 600円

コーヒー片手に海を眺める
だけでリフレッシュできそう

CLASSICO セトウチ珈琲

くらしこ せとうちこーひー

どこを撮っても可愛い フォトジェニックな空間

フラワーパーク浦島の浜辺に２０１８年４月にオープンしたカフェ。イタリア好きのオーナーが、古い農家などの雰囲気に憧れを持ち、女性デザイナーへ内装を依頼したという店内は、白とブルーを基調とした、まさに「海沿いのカフェ」という爽やかな空間だ。家具や雑貨はもちろん、メニューや食器まですべてが可愛らしく、写真を撮りに訪れる女子も多い。テラスやカウンター、テーブルといったすべての席から海が見えるが、インテリアやディスプレイは少しずつ違うので、席を選ぶだけでもワクワクするはず。

フードとドリンクはセルフオーダー制。仁尾産のレモンを使った人気の「瀬戸内レモンスカッシュ」６００円は、１月からシロップがなくなるまでの期間限定で毎年提供される。

期間限定販売の
「瀬戸内レモン
スカッシュ」

「トーストサンド（明太子&たまご）」450円

可愛いラテアートの
「カフェラテ」450円

窓だけでなく鏡に映る海が楽しめるソファ席

テラス席から望む多島
美は瀬戸内ならでは

Shop Data

CLASSICO
セトウチ珈琲

香川県三豊市詫間町積583

- 0875-82-9045
- 営 10:00～18:00
- 休 水曜
- 店内禁煙 ※テラス席のみ喫煙可
- P 10台
- 交 JR詫間駅から車で22分

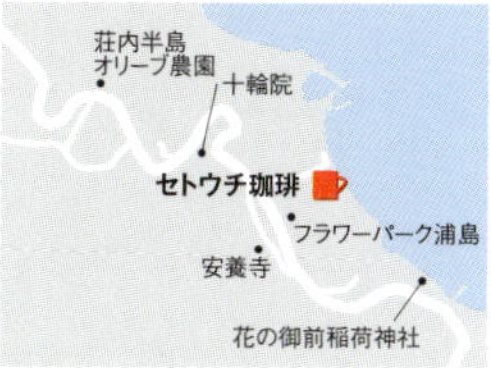

MENU

- アイスカフェラテ　500円
- トーストサンド（小倉あん&チーズ）450円
- コーヒーゼリーサンデー　450円
- カシスオレンジソーダ　600円

里山を望む窓辺の
カウンターは特等席

ろう梅の里

まんさく

ろうばいのさと　まんさく

山の中の隠れ家で
リラックス

　観音寺駅から車で約30分、豊稔池を越えた山中にある隠れ家的な喫茶処。２３００坪という広大な敷地には、約３００本のろう梅をはじめ、桜やツツジ、コスモスなどが植えられ、季節によってさまざまな花が楽しめる。木々に囲まれたアプローチを抜けて店に入ると、大きな窓から里山の景色が目に飛び込んでくる。山小屋風の店内は、木のぬくもりあふれる温かい雰囲気で、車の音も届かない静かな空間だ。

　メニューは、ドリンクやデザートが中心。前日までに予約をすれば、「まんさく定食」１０００円も味わえる。野菜がふんだんに使われており、家庭的でどこか懐かしい味の定食だ。また、２階では無料で絵手紙教室も受講できる(前日までの要予約、材料費がかかる場合あり)。

食後にコーヒーも付いた「まんさく定食」

手作り「シフォンケーキ」はフワフワの食感

期間限定の「かき氷」500円はボリューム満点

2階の絵手紙教室

手作り雑貨の販売コーナーも

Shop Data

ろう梅の里

まんさく

香川県観音寺市大野原町田野々乙341-21

- 0875-54-2948
- 営 11:00～日没まで
- 休 水曜
- 禁煙
- P 15台
- 交 JR観音寺駅から車で30分

MENU

シフォンケーキ（ドリンクセット）	800円
コーヒー	450円
ゆずジュース	500円
ゆずソーダ	500円
アイスクリーム	500円
モーニング（土日のみ·予約制）	600円

民家をリノベーション
した店内でゆったりと

季節をたべる食卓

numar

きせつをたべるしょくたく ぬま

のどかな風景のなか 四季折々の実りを堪能

店名に込めたコンセプト通り、地元で採れた旬の食材が料理やスイーツに昇華される。春は山菜、夏は彩り豊かな夏野菜、秋にはスイーツに最適なサツマイモや栗が登場し、冬は根菜類が豊富に。四季折々の実りが料理やスイーツへと変幻自在に生まれ変わり、店主のセンスを感じることができる。フードメニューはどの時間帯でもオーダー可能。栄養バランスのとれた一汁三菜のほか、地元の香味野菜を使ったオリジナルカレーも人気で、どちらも旬の野菜が入り、季節を感じることができるはず。敷地内には「百姓ミラクル」という名の食材を扱うショップもあり、お米や野菜のほか味噌などこだわりの品を購入することも可能。不定期にイベントも開催しているので詳細はフェイスブックをチェックして。

本日のカレーは桜姫鶏と春野菜のカレー950円

ピールの苦味が効いた甘夏と小夏のタルト550円

意外な組み合わせのレモングラス＆玄米茶500円

オーナーの香織さんが手がけるスイーツはどれも人気

隣には食品など暮らしにまつわるものも販売

Shop Data

季節をたべる食卓

numar

香川県仲多度郡まんのう町七箇2100

- 080-3167-1349
- 営 11:00～18:00
- 休 水曜 ※臨時休業あり
- 11:00～14:00 全面禁煙
  14:00～18:00 分煙
- P 10台
- 交 JR塩入駅から徒歩15分

MENU

一汁三菜	1,000円
本日のサラダ	600円
季節の甘いもの	500円～
甘酒	400円
チャイ	550円

古民家カフェで古の時代に思いを馳せる

築90年を超える古民家を
リノベーションした趣あるカフェで
地元の旬素材を取り入れた
ランチや、和スイーツで幸せなひと時を。

Café asile

かふぇ　あじーる

ランチやスイーツの後にはふらりと街歩きの楽しみも。

店内に飾られた
アンティークも
楽しみのひとつ

テーマは「温故知新」。古き良き時代を楽しむ。

高松駅から電車で約10分、初代高松藩主松平頼重が菩提寺として法然寺を建てたことから門前町として繁栄したのが仏生山町。当時の面影が残る参道沿いに佇む「アジール」は、築90年を超す古民家をリノベートしたカフェ。古くなっていたオーナーの実家を趣は残したまま改築し、街の情報基地となるカフェとしてオープンしたそう。緑が眩しい中庭や、展示会などイベントも行われるギャラリーもあり、思い思いの時間を過ごせる。メニューは「温故知新」をテーマに、季節の食材を日本の伝統的な調味料を使用して身体に優しいメニューに仕上げた週替わりの「今週のアジールランチ」をはじめ、香川の銘菓「おいり」を使ったパンケーキなど多彩。和プチーノなど和風仕立てのドリンクも人気だ。

asile

人気の和テイストドリンクは
「和プチーノ」

一汁三菜のランチは旬の素材が楽しめる

銘菓「おいり」の
「幸福のふわふわスフレ」

和のしつらえが美しいエントランス

ギャラリーではオーナーセレクトの作家による個展も

Shop Data

Café asile

香川県高松市仏生山町甲2507

- ☎ 087-889-1531
- 営 11:00 ～ 21:00（OS20:00）、（土・日・祝はAM8:00～）
- 休 月曜（祝日の場合翌日）
- 煙 分煙
- P 17 台
- 交 ことでん仏生山駅より徒歩７分

MENU

- 今週のアジールランチ 1,200円
- 幸福のふわふわスフレパンケーキ（おいり） 780円
- 特選牛ステーキランチ 1,500円

フェリー会社一覧

❶❷❸⓭ 四国汽船 087-821-5100

❹❾ 小豆島豊島フェリー 0879-62-1348

❺❻ 豊島フェリー 087-851-4491

❼ 雌雄島海運 087-821-7912

❽ 小豆島フェリー 087-822-4383
高速艇 087-821-9436

❿ 国際フェリー 0879-75-0405

⓫ 内海フェリー 0879-82-1080

⓬ ジャンボフェリー 087-811-6688

⓮ 四国フェリー／両備フェリー 086-274-1222

⓯ 旅客船あけぼの丸 086-947-0912（個人宅）

⓰ 瀬戸内観光汽船 0869-72-0698

⓱ 六口丸海運 086-474-6199

⓲ 本島汽船 0877-22-2782

⓳⓴㉑ 三洋汽船 0865-62-2866

㉒ 金風呂丸フェリー 0865-62-2856

㉓ （有）笠岡フェリー大福丸 0865-63-0216

㉔ 大生汽船 0869-72-0506

Access

どうやって行く?

島へのアクセス早わかり

本書掲載のカフェのある島々へのアクセスをご紹介。あわせて島内での移動手段も取り上げる。どの島も船の便数は限られているので、発着時間をしっかりチェックし余裕をもって行動しよう。

コレがおすすめ

外周16km、面積8㎢。ベネッセアートサイト直島が展開するさまざまな現代アートを鑑賞するために国内外から多くの観光客が訪れる。

島内の移動

町営の路線バス、ベネッセアートサイト直島場内シャトルバス、レンタサイクル、レンタルバイクが利用可能。アートスポットやカフェなどが集まる島の南半分には、3つのエリア（宮ノ浦地区、本村地区、ベネッセハウス周辺）があり、それぞれの間は徒歩で30分程度、バスなら数分で移動できる。宮ノ浦地区、本村地区にはレンタサイクルの店舗が合わせて7軒あるので、潮風を感じながらのサイクリングもおすすめ。ただし、宮ノ浦地区からベネッセハウス周辺への道のりは急な坂道があるので注意が必要。また、借りた自転車は“乗り捨てNG”。必ず借りたお店に返却を。

島外からのアクセス

岡山から
❷ 宇野港～宮浦港
❸ 宇野港～本村港

香川から
❶ 高松港～宮浦港
❺ 高松港～本村港

〈参考サイト〉
直島観光旅サイト（直島町観光協会） http://www.naoshima.net/

島内の移動は

外周126km、面積169.86㎢（20余りの属島を含む）。瀬戸内海では2番目に大きな島で、開創1200年を超える小豆島八十八ヶ所霊場や、瀬戸内海最高峰の星ヶ城、エンジェルロードなど島独特の絶景スポットがある。

島内の移動

小豆島は広く、アップダウンも多いので、歩いて移動するのは困難。フェリーを利用してマイカーで乗り入れる人も多いが、繁忙期はマイカー利用者が込み合うので予約をするのがベター。島に渡ってからレンタカーを利用するのもおすすめだ。のんびり島旅を楽しむなら路線バスも。お得な1日乗車券がある。レンタサイクルもあるので、サイクリストは香川県観光協会発行のサイクリングマップを片手にチャレンジしてみよう。

島外からのアクセス

岡山から	❹&❾宇野港〜豊島（家浦港〜唐櫃港）〜土庄港 ⓮新岡山港〜土庄港　⓰日生港〜大部港
香川から	❽高松港〜土庄港　❿高松港〜池田港 ⓫高松港〜草壁港　⓬高松港〜坂手港

〈参考サイト〉
小豆島旅ナビ（小豆島観光協会）http://shodoshima.or.jp/

コレがおすすめ

男木島《おぎじま》

外周7.29km、面積1.34㎢。さほど大きな島ではなく、狭い坂道や石段が迷路のように巡っているため、徒歩がおすすめ。

島外からのアクセス

香川から ❼高松港～女木島～男木島

〈参考サイト〉
・男木島（男木地区コミュニティ協議会）http://ogijima.info/
・うどん県旅ネット（島旅）
https://www.my-kagawa.jp/shimatabi/feature/shimatabi/ogijima

豊島《てしま》

外周19.8km、面積14.5㎢。4地区に分かれており、各地区内の移動は徒歩、地区間の移動はレンタサイクル、レンタルバイク、レンタカーがおすすめ。繁忙期は要予約。タクシーは島に1台。利用の際は電話連絡を。

島外からのアクセス

岡山から
❹宇野港～家浦港～唐櫃港
⓭犬島港～家浦港

香川から
❺直島（本村港）～家浦港
❾小豆島（土庄港）～唐櫃港　❻高松港～家浦港

〈参考サイト〉
豊島観光ナビ（豊島観光協会）https://teshima-navi.jp/

犬島《いぬじま》

外周3.6km、面積0.54㎢。犬島精錬所美術館などで知られるアートの島。小さいので歩いて巡れる。

島外からのアクセス

岡山から ⓯宝伝港～犬島港

香川から ⓭豊島（家浦港）～犬島港

本島《ほんじま》

外周16.4km、面積6.74㎢。歩いて回れるが、レンタサイクルが便利。コミュニティバスも走っている。西側ルートがあり、一日乗車券も用意あり。

島外からのアクセス

岡山から ⓱児島観光港～本島港

香川から ⓲丸亀港～本島港

島内の移動は

北木島《きたぎしま》

外周18.3km、面積7.49㎢。笠岡諸島最大の島で、花崗岩の産地として知られる。島内の移動はレンタサイクルがおすすめ。

島外からのアクセス

岡山から ㉒ 伏越港～白石島港～金風呂港～豊浦港
㉓ 伏越港～豊浦港～金風呂港 ※フェリー

〈参考サイト〉
・またたび笠岡。(笠岡市観光連盟)
https://www.kasaoka-kankou.jp/
・かさおか島づくり海社　https://www.shimazukuri.org/

頭島《かしらじま》

外周4km、面積0.6㎢。車で渡れるが、道が狭く坂が多いので注意が必要。備前市営駐車場に車を停め、島内を歩いて回ることもできる。

島外からのアクセス

岡山から 備前♡日生大橋～頭島大橋
㉔ 日生港～頭島港

〈参考サイト〉
ぶらっと備前(備前観光協会) http://bizen-kanko.com/

大飛島《おおびしま》

外周5.5km、面積1.05㎢。隣にある小飛島と合わせて「飛島《ひしま》」と呼ばれる。島内には300本余りの椿が自生。見ごろを迎える3月には椿まつりも開催される。

島外からのアクセス

岡山から ㉑ 住吉港～北浦港 ※定期旅客船

〈参考サイト〉
・またたび笠岡。(笠岡市観光連盟)
https://www.kasaoka-kankou.jp/
・かさおか島づくり海社 https://www.shimazukuri.org/

真鍋島《まなべしま》

外周7.6km、面積1.48㎢。港に石積みの堤防が残り、昔ながらの漁村の風情が漂う島。主な観光スポットは徒歩で回れる。

島外からのアクセス

岡山から ⑲ or ⑳ 住吉港～本浦港 ※定期旅客船

〈参考サイト〉
・またたび笠岡。(笠岡市観光連盟)
https://www.kasaoka-kankou.jp/
・かさおか島づくり海社 https://www.shimazukuri.org/

さ

サンロック …… 052
Cin.na.mon …… 076
simasima …… 028
Stella Cafe …… 048

た

タコのまくら …… 068
茶茶 …… 046
忠左衛門 …… 062
trees INUJIMA …… 026

な

中奥 …… 082
なかぶ庵 …… 072
numar …… 114
ののカフェ by 野の花工房 …… 044

は

浜茶屋 …… 050
ひむろ …… 100
風舎 …… 032
風車の丘 …… 108
フォレスト酒蔵森國ギャラリー …… 066
belk …… 036
HOMEMAKERS …… 070

ま

まんさく …… 112
三宅商店 酒津 …… 040
名曲喫茶 時の回廊 …… 038
モトエカフェ …… 018

ら

Lake Side Garden & Cafe …… 042
Rossa Café Restaurant …… 054

わ

吾亦紅 …… 092

せとうち すてきな旅CAFE

Index

※店名は一部略称で表記しています。

あ

あいすなお ……… 080

Asato ……… 056

伊織 ……… 090

いちご家 ……… 086

Ile d'or Cafe & Guest house ……… 016

Ukicafe ……… 020

umie ……… 106

APRON CAFE ……… 084

か

Café asile ……… 116

カフェ な・ぎ・さ ……… 104

Cafe Mulberry ……… 022

神椿 CAFÉ&RESTAURANT ……… 102
SERVICE BY SHISEIDO PARLOUR

KITOKURASカフェ ……… 096

金栄丸食堂 ……… 088

CLASSICO セトウチ珈琲 ……… 110

K's LABO ……… 012

珈琲や ……… 058

こまめ食堂 ……… 074

コンニチハ ……… 078

Staff

[編集・製作]
株式会社ワード
岡山市北区中山下 1-11-15　新田第一ビル２階
http://word-inc.com

[取材・撮影・執筆・進行]
苅田朋子・石井真衣子・上田美知野・大角美由貴（以上ワード）
井上彩香・太田裕子・岡公美・北村由起・九冨奈緒美・
佐川美穂・杉村佑子・堤保代・中原あゆ子・溝口仁美

[撮影]
bless color・國方裕介

[Design・DTP]
村井良平（ワード）

せとうち　すてきな旅 CAFE
森と、海と、島のカフェ案内　　岡山・香川

2018 年 7 月 25 日　　第 1 版・第 1 刷発行

著　者　Word inc.（わーど　いんく）
発行者　メイツ出版株式会社
　　　　代表者　三渡　治
　　　　〒102-0093 東京都千代田区平河町一丁目 1-8
　　　　TEL：03-5276-3050（編集・営業）
　　　　　　03-5276-3052（注文専用）
　　　　FAX：03-5276-3105
印　刷　三松堂株式会社

ご意見・ご感想はホームページから承っております
メイツ出版ホームページアドレス　http://www.mates-publishing.co.jp/

編集長：折居かおる　　企画担当：折居かおる　制作担当：清岡香奈